東北アジア平和共同体構築のための宗教間対話

「IPCR国際セミナー2017」からの提言

世界宗教者平和会議日本委員会 編
山本俊正 監修
金 永完 監訳

はじめに

世界宗教者平和会議（WCRP）日本委員会理事
関西学院大学教授
山本俊正

第八回IPCR国際セミナーが開催された二〇一七年は、ルターの宗教改革から五〇〇年を記念する年であった。一五一七年にマルチン・ルターが、ドイツ、ヴィッテンベルクの「城の教会」の扉に「九十五カ条の論題」を掲げて始まった宗教改革（リフォメーション＝再形成）は、二年後にルターをローマ教会が破門することとなる。しかしルターは有力な諸侯に保護され、彼の主張は当時の印刷技術の発達の恩恵を受け、ドイツ全土に急速に伝えられた。すなわち「ドイツ国民のための神聖ローマ帝国」に広がっていった。プロテスタント教会が誕生する嚆矢《こうし》となった歴史的出来事であった。

しかし宗教改革以降も元来、一神教であるキリスト教、イスラーム、ユダヤ教ばかりでなく、仏教、ヒンドゥー教、その他の諸宗教において、宗教間対話は一般的な思想ではなかった。宗教間対話の進展は第二次世界大戦後、また、政治、経済、文化が互いに大きく接近したグローバル化時代の到来を待たねばならなかった。世界のグローバル化が進む中、宗教に関係する対立、紛争が激増し、宗教間の対話や他宗教に対する理解が必要不可欠となったからである。キリスト教の歴史において、一六世紀の宗教改革以降も様々な宗教戦争がヨーロッパを中心に多発した。それ以前の十字軍によるイスラーム教徒への弾圧、殺戮がなされたことは周知の通りである。さらに、宗教改革以前の歴史を紐解いてゆくと、キリスト教が植民地主義に同伴しながら、宗教間の「対話」ではなく「対立」や「支配」を指向していたことが明らかになる。

宗教改革以前、中世期における世界勢力の構図はイスラームの世界進出と、それに動揺するヨーロッパ、キリスト教世界の姿を映し出している。一五世紀、イスラームの支配領域は西アジアから、中東、さらには北アフリカに及んだ。ビザンツ帝国（東ローマ帝国）

の首都、コンスタンティノープルはローマ帝国の東西分裂以降もキリスト教文化圏の中心的役割を果たし、ギリシャ正教を柱とする東方教会の世界を維持していた。しかし、トルコ系の人々によって建国されたイスラーム帝国＝オスマン帝国は、一四世紀までにバルカン半島を制圧し、一四五三年にはビザンツ帝国を滅ぼしている。オスマン帝国は以降、地中海東部、南部を統治する大帝国となり、一六世紀に最盛期を迎える。オスマン帝国に代表されるイスラーム勢力の世界進出は、ヨーロッパ各国に深刻な脅威と動揺を与え、キリスト教文化圏に存続の不安と危機感を喚起した。

このイスラーム勢力の顕在化は、一五世紀から一七世紀にかけて、ヨーロッパ人が大西洋を起点として、インドやアメリカ大陸に新航路を開拓する「大航海時代」の到来と密接に関係している。そしてこの時代、ヨーロッパ各国は植民や占領による本国以外の領土獲得競争を展開する。一五世紀の植民地化に先鞭をつけたのはポルトガルとスペインであった。両国はアメリカ大陸、アジア、アフリカ各地に進出した。「大航海時代」とヨーロッパによる植民地支配の到来は偶然の史実ではなかった。それは、イスラームの世界進出を外的要因とし、失敗に終わった十字軍の精神が内的要因として継続されたと見ることができる。イスラームとの勢力争いからキリスト教史を見るならば、西ヨーロッパ世界（キリスト教世界）拡大の動きは十字軍派遣以前から存在していた。レコンキスタ（再征服を意味するスペイン語）と呼ばれる国土回復運動が八世紀初めから一五世紀末にかけて、イベリア半島を戦場として展開されていた。レコンキスタはイスラーム勢力から領土の奪回を目指したキリスト教徒の戦いで、一四九二年にイスラーム勢力の最後の拠点であったグラナダが陥落するまで八〇〇年間続いた。

スペイン・ポルトガルによって展開された植民地化の動きは、「大航海時代」を起点とし、レコンキスタや十字軍の延長上に位置づけられる。植民地の拡張はキリスト教世界の再拡張運動でもあったのだ。勿論、植民地化の遂行を可能にしたのは武力と軍事力であり、経済的利益の新たな獲得が主要な動機であった。しかしその背後にはカトリック教会の裁定による世界の領有と地球の分割が伴っていた。カトリック教会はすでに一三世紀から一四世紀にかけて世界宣教に着手している。フランシスコ会は中国や中東に宣教師や修道士を派遣している。派遣された宣教師たちは、政府の許可に基づき「伝道」し「洗礼」を施し、「教会」を建てた。この手続きは植民地化のプロセスにおいても踏襲された。領有された植民地の先住者は「洗礼」を通してキリスト教世界へ統合されていった。スペイン、ポルトガルという植民勢力の統治者はカトリック教会の擁護者であり、政治的にも教会行政上も支配権を持っていた。植民地主義とキリスト教の宣教は密接な相互依存の関係にあった。このような時代背景の中でキリスト教世界は「宗教改革」という、植民地獲得競争に同伴していた「キリスト教権威」を揺さぶる地殻変動を経験することになったのである。

ヴァスコ・ダ・ガマやコロンブスが登場した「大航海時代」の初期から約二五年後、内陸ドイツに始まった宗教改革はキリスト教世界に、そして植民地主義の権威の位相に大きな変容をもたらした。宗教改革を先導したとされるルター自身は、生涯カトリックとしてのアイデンティティを持ち続けていたことが知られている。急進的な新しいプロテスタント宗派を作る意図はなかった。ルターが問いかけた贖宥状《しょくゆうじょう》(免罪符)の問題はカトリック教会の再形成(リフォメーション)への議論を促す内部告発であり、極めて宗教的な提題であった。しかし、ルターの意図を越えてリフォメーションは社会問題として進展する。ルターの提題は、当時の政治的文脈においてバチカンの権威、領邦(神聖ローマ帝国内で諸侯が主権を行使する地方国家）の支配、神聖ローマ帝国の経済利益などに抵触し、政治問題化することとなる。ルターの思想に刺激され、農奴制や十分の一税などの廃止を求めたドイツ農民戦争が起きている。また、教会内部においてもルターを支持する諸侯によってルター派が形成され、反教皇・反皇帝の立場が表明された。ルター派諸侯は聖書を信仰の唯一の権威とし、自領内の教会の支配を進め、領邦教会制が誕生することとなった。

ルターの宗教改革から約一〇年後、英国では国王ヘンリー八世の離婚問題に端を発し、英国国教会が誕生する。スイスのジュネーヴでは、ルターの影響を受けたカルヴァンが一五四一年に「神権政治」を開始する。ルターの宗教改革は、「リフォメーション＝再形成」という体制内改革の意図を越え、カトリック教会と教皇の権威を大きく揺さぶり、キリスト教世界を分裂に導く導火線の役割を果たした。その後、プロテスタントの「自由」と結びついた世俗権力と「カトリック教会の権威」の対立は、ヨーロッパを舞台に宗教戦争の時代という新たな歴史のステージを迎えることとなる。そして、ルターの宗教改革から約一〇〇年後の一六一八年にドイツを戦場とした「三十年戦争」が始まる。全ヨーロッパを巻きこんだ三〇年間の戦争はその終結とともにウェストファリア条約が締結され、世俗権力である領邦の主権が全面的に認められることとなる。これによって、カトリック教会の権威と結びついていた神聖ローマ帝国は分裂状態に陥る。帝国は約三〇〇の領邦国家に分裂し有名無実化する。ウェストファリア条約は「神聖ローマ帝国の死亡診断書」と呼ばれた。「三十年戦争」を経て、ヨーロッパに教皇の権威を共有しない、世俗権力をベースにした主権国家体制が確立されることとなる。いわゆる「近代ヨーロッパ」の誕生であった。

宗教改革以前及び以後を通じて、キリスト教の世界宣教と植民地支配は、その形態は時代ごとに変容したが相互依存関係の歴史を保持してきた。この歴史が反転するのは、第二次大戦後、植民地化されていた国々が独立したことに起因する。欧米宗主国に対する反植民地主義、反帝国主義の叫びは反キリスト教にも連動した。植民地における民族主義の勃興はアジア、アフリカにおいて第一次世界大戦の前後から高まりを見せていた。第一次世界大戦開始四年前の一九一〇年に、スコットランド、エディンバラで「世界宣教会議」(World Missionary Conference)が開催されている。現代のエキュメニカル運動(教会一致運動)の嚆矢とされる会議であった。この会議を起点として第二次大戦後、一九四八年に世界教会協議会（World Council of Churches ＝ＷＣＣ）がスイスのジュネーブに誕生する。戦争を止《と》めることができなかった教会の反省から、各教会・教派間、宗教間の協力、連携、対話が創設の中心的な動機であった。キリスト教プロテスタント教会が、宗教改革を経て「宗教間対話」のプラットホームを初期設定した画期的な出来事であった。

二〇一七年七月七日から九日まで、韓国、釜山市内のホテルを会場に、第八回ＩＰＣＲ（韓国宗教平和国際事業団）国際セミナーが開催された。セミナーは韓国の社団法人であるＩＰＣＲ、韓国宗教人平和会議（ＫＣＲＰ）が主催し、世界宗教者平和会議（ＷＣＲＰ）日本委員会が協力、共催した。初年度から韓国文化体育観光省、アジア宗教者平和会議（ＡＣＲＰ）が後援している。主題は「東北アジア平和共同体を構築するために克服すべき諸課題」であった。セミナーではこれまでの宗教者による対話と議論を踏まえ、上記の主題をめぐって、基調講演に続きそれぞれ第一セッション、第二セッション、第三セッションが設定され、日・中・韓の参加者によって活発な議論と宗教間対話が実践された。各セッションにおいて基調発題がなされ、その発題に対して、日・中・韓、複数の参加者が応答発表を行ない、基調発題と応答発表に基づいて活発な討議が行なわれた。各セッションのテーマは以下の通りである。

第一セッション　他宗教との対話（中国）

第二セッション　差別と偏見の元をたずねて（日本）

第三セッション　朝鮮半島の平和増進に向かって（韓国）

また今回のセミナーでは、「青年セッション」が特別セッションとして企画された。青年の視点から主題である「東北アジア平和共同体を構築するために克服すべき諸課題」に関して、基調発題、それに対するコメントがなされた。

セミナーでは、初日に参加者の登録と受付の手続を経た後、開会式が催された。開会式ではKCRP共同会長の金熙中《キムヒジュン》師（韓国カトリック司教協議会議長）より歓迎の挨拶が述べられた。またモクジョン釜山宗教人平和会議（BCRP）会長が祝辞を述べた。続いて、中国の劉元龍《リウワンロン》氏（中国カトリック教協会事務総長兼副会長）と筆者が謝辞を述べた。

日・中・韓の宗教者、学者・研究者、市民活動家など約六五人が参加した。日本からは松井ケティ（清泉女子大学教授）、金子昭（天理大学おやさと研究所教授）、大西英玄（音羽山清水寺執事補）、神谷昌道（ＡＣＲＰ事務総長シニアアドバイザー）の諸氏が出席した。またＷＣＲＰ日本委員会事務局からは、國富敬二事務局長、和田惠久巳総務部長のほか、スタッフとして安勝熙、橋本高志、谷野創流の諸氏、中央学術研究所から李史好氏が参加した。

本書は、二〇一七年に開催された国際セミナーにおける基調講演及び各セッションでの発表・報告を時系列に整え、編集したものである。各セッションでの討議、全体会議では、参加者の提出した論文、報告に対して多くの意見、提案が寄せられ、実りある議論が展開された。紙面の制約もあり、議論の詳細を掲載することはできないが、それぞれの発題と応答のコメントを発表された論文原稿を基に編集したものである。

本書の公刊に先だって、二〇一〇年、八月二四日～二七日に開催された「東アジア平和共同体の構築と国際社会の役割」を主題とする「ＩＰＣＲ国際セミナー」の報告と議論が、眞田芳憲ＷＣＲＰ日本委員会平和研究所所長（当時）の監修の責任で出版されている。また、引き続いて、二〇一一年、九月一五日～一七日に開催された「東アジア平和共同体の構築と宗教の役割」を主題とする「ＩＰＣＲ国際セミナー」の報告書、二〇一二年六月九日〜十一日に開催された「東北アジア平和共同体構築のための倫理的課題と実践方法」を主題とする「ＩＰＣＲ国際セミナー」の報告書、二〇一三年七月四日から六日まで開催された「東北アジア平和共同体構築のための課題と実践」を主題とした「ＩＰＣＲ国際セミナー」の報告書、さらに、二〇一五年、二〇一六年に開催された「ＩＰＣＲ国際セミナー」の合併報告書が「アーユスの森新書」として出版されている。本書は、同報告書としては六冊目の刊行本となる。本書を通して、各国からの参加者の発表、議論、そして出会いの大切さを、多くの読者と共有できれば幸いである。

本書の公刊にあたっては、実に多くの方々のご協力とご支援をいただいた。

第一に、金星坤《キムソンゴン》博士（ＡＣＲＰソウル平和教育センター理事長）のご理解とご支援をいただき、前回同様、著作権にかかわる問題を解決することができた。金博士のご尽力に重ねて謝意を表したい。また、本書出版の企画について交渉の労をとり、出版業務の遂行に万全の態勢を整えてくれたＷＣＲＰ日本委員会事務局長の國富敬二氏、同じく総務部長の和田恵久巳氏には、その多大なご努力に心より感謝したい。

第二に昨年同様、参加者の報告原稿の翻訳について、韓国語及び中国語から日本語への翻訳作業及び、すでに翻訳された文書を精査していただき、監訳を一手に引き受けくださった中国山東大学副教授の金永完《キムヨンワン》氏に、心から敬意を表し、感謝を申し上げたい。金永完教授の献身的で正確な翻訳作業と監訳へのご尽力がなければ、本書が刊行されることはなかったであろう。なお、邦訳された原稿については、最終的に監修者が目を通し、日本語としての正確さや的確さを検討・精査した。翻訳を含め本文についての責任は監修者にあることをここに明記しておきたい。

最後に、翻訳原稿及び全体の原稿の校正、編集、校閲に際して、中央学術研究所学術研究室長の相ノ谷修通氏および中島克久氏、ならびに佼成出版社図書編集の編集長黒神直也氏および大室英暁氏に数々のご協力とご教示をいただいた。心からお礼を申し上げ、感謝の意を表したい。

二〇一八年一一月

東北アジア平和共同体構築のための宗教間対話——目次

第二セッション　差別と偏見の元をたずねて（日本）

第三セッション　朝鮮半島の平和増進に向かって（韓国）

青年セッション

基調講演

東北アジア平和共同体と宗教の役割
――韓中日の関係を中心に――

金《キム》　星坤《ソンゴン》

一、はじめに

二〇世紀が生んだ歴史学の大家アーノルド・トインビー（Arnold Toynbee）は、今後「地球村」に新しい秩序を与え得る新文明の誕生候補地として、東北アジアを挙げたことがある。彼の文明史論によると、新しい文明は、文明と文明とが遭遇する場所で誕生するが、東北アジアは、一九―二〇世紀において東洋の精神文明と西洋の物質文明、そして共産主義文明と資本主義文明が遭遇し、最も激しい衝突が発生した場所である。

東北アジアには韓国、中国、日本などの国が含まれており、アジアにおいて産業が最も発達し、世界の交易総量の二〇％を占めるほど、経済的にも重要な地域である。さらにこの地域は、長い間仏教、儒教、道教などのような宗教を共有していると同時に、いわゆる「漢字文化圏」をも形成している。

それにもかかわらず、韓・中・日三国の間においては、緊張関係が続けられてきている。特に近現代においては、米国やロシアも関わって、日清戦争をはじめ、日露戦争、日中戦争、太平洋戦争並びに朝鮮戦争が相次いで起きた。これによって、各国の間では、領土問題、慰安婦問題、歴史教科書の問題などの諸問題が複雑に絡み合っている。また最近、北朝鮮の核問題は、この地域における最も困難な安全保障問題として登場してきた。東北アジアは、どうすれば政治的な緊張が解消され、共に繁栄を享受することができるようになるであろうか。東北アジアでは、ヨーロッパ連合（ＥＵ）のような地域共同体を構築することはできないのであろうか。東北アジア平和共同体を構築するにあたって、宗教はどのような役割を果たすべきであろうか。

二、東北アジア紛争の諸要素

東北アジアが、韓・中・日三国を中心に平和的に共存していくためには、次のような幾つかの問題が克服されなければならない。

第一は領土問題である。中国と日本との間の釣魚島《ちょうぎょとう》／尖閣諸島の問題、韓国と日本との間の独島《トクド》／竹島の問題がそれである。まず尖閣諸島は、沖縄と台湾の間にある東シナ海の南側に位置している無人島で、中国では釣魚島と呼ばれている。中国は、一八七三年に出版された地図には中国領土と表記されていることを理由に、自国の領土であると主張している。一方、日本は、尖閣諸島は、日清戦争後、一八九五年に沖縄県に正式に編入された自国の領土であると主張している。

独島は東海（日本海）の鬱陵島《ウルルンド》の傍にある小さい岩島で、韓国と日本は、いずれもそれに対する領有権を主張している。両国は、いずれも自国の主張を裏づける歴史的、文献上の記録を持っている。現在、この島は、韓国が実効的に支配しているが、日本は、韓国が不法に占拠していると主張している。韓国は、日露戦争（一九〇四—一九〇五年）後、日本が韓国を植民地化する際に独島を占領したが、日本の敗戦によって韓国に取り戻されたと主張している。これに対し日本は、一九五一年のサンフランシスコ平和条約において、国際社会によってその領有権を確認されたと主張しながら、この問題を国際司法裁判所に提訴しようとしている。

しかしながら、国家と国家との間で領土紛争が発生したとき、それを公正に解決し、実効的に強制できる司法制度と公権力は、この地球上にはまだ存在しない。国連や国際司法裁判所があるにしても、紛争当事国が同意しない限り、強制できないのが現実である。常設仲裁裁判所（ＰＣＡ）は、中国が南シナ海に建設中の人口島「南沙群島」の問題を不法と判示し、フィリピン側に軍配を上げたにもかかわらず、中国はそれを受け入れなかったので、国際機構の決定の実効性が問われているのである。

第二に、従軍慰安婦の問題も、韓・中・日三国が乗り越えなければならない歴史の大きな波である。韓国は、従軍慰安婦の問題は、日本軍が韓国の女性を強制的に動員し、彼女らの人権を蹂躙した反人道的な不法行為であるため、韓日請求権協定の締結にも関わらず、依然として日本政府には法的な責任があると主張している。一方、日本政府は、道義的な責任は認めてはいるものの、その強制性は否定している。韓日請求権協定によって従軍慰安婦の問題も解決されたため、法的責任はないと主張している。河野洋平官房長官は、一九九三年、従軍慰安婦の問題に対する日本の直接的・間接的な関わりを認め、謝罪と反省の意を表明した。引き続き村山富市首相は、一九九四年、謝罪と共に「アジア女性基金」の設立を通じてこの問題を解決しようとしたが、韓・日間においては円満に解決されなかった。二〇一五年には、朴槿恵―安倍晋三政権の間において、「日本の首相は被害者たちに公式に謝罪し、日本国政府の予算で一〇億円を拠出し財団を設立するが、これは韓・日間における最終的かつ不可逆的合意である」との発表が行なわれた。しかし韓国の新政権は、この合意には問題があるとしている。

第三に、過去の歴史をめぐる教科書の問題がある。日本政府の検定を通った日本の歴史教科書の中で、右翼史観に基づいて記述された箇所が問題となっている。例えば、「新しい歴史教科書をつくる会」が執筆した教科書には、「日本の植民地支配は韓国の近代化に役立った」とか、「太平洋戦争はアジアの自由と解放のために」行なわれたかのように記述されている。また従軍慰安婦の問題に関する内容は削除され、日本のアジア「侵略」は「進出」と書き換えるなど、東北アジア諸国の反発を招いている。歴史教科書の問題は、被害者と加害者との間で歴史を見る観点の相違に由来するものであるため、韓・日両国の歴史学者たちが共に歴史の教科書を編纂しようと試みたが、実現されなかった。中国と韓国の間では、中国東北地域の歴史（特に高句麗と渤海の歴史）をめぐり、大きな認識の相違が存在する。

第四に、日本と北朝鮮との間における民間人の拉致問題がある。日本と北朝鮮との間では、一二回にわたって修好交渉会談が行なわれた。その中で小泉純一郎首相と金正日総書記との間では、二回にわたる首脳会談を通じて、二〇〇二年、「平壌宣言」が導き出された。しかし、それにもかかわらず、北朝鮮の核問題と日本人拉致問題によって、二〇〇六年以降は、外交関係がすべて断絶された状態に置かれている。特に北朝鮮による日本人の拉致問題は、金正日総書記がその一部を事実として認めたものの、朝日修好への道に立ちはだかっている大きな障害物となっている。

第五に、東北アジアにおける最大の安全保障問題としての北朝鮮の核問題が存在する。北朝鮮が核兵器を保有することに対しては、米国、日本、韓国はもちろん、中国、ロシアも反対してはいるものの、これら諸国の見解や解決方法は互いに一致していない。中国とロシアは、まず朝米修好や平和体制を樹立してから、北朝鮮の核問題を解決するのが妥当であると見ている。米国は、北朝鮮が何よりも先に核開発を放棄しなければならないと主張している。日本は、拉致問題の解決を、相互修好の前提にしている。韓国の場合、保守政党では核兵器の廃棄が行なわれなければ南北朝鮮間の交流はできないという立場に立っているのに対し、進歩政党では、北朝鮮の核開発には反対しながらも、対話と交流は並行することができるという態度を取っている。

もちろん、北朝鮮が自ら核開発を放棄すれば、すべての問題が円満に解決されるであろう。しかし北朝鮮は、核開発こそ自国の体制を維持しうる最も効果的な方法であると考えているため、どんな場合でも自らこれを放棄しようとはしないであろう。従って、核開発の放棄よりは、取りあえず「核兵器の凍結」を目標に協議を行ない、北朝鮮・韓国・米国の間に相当の信頼関係が形成されたとき、北朝鮮をして核開発を放棄するように誘導する漸進的な方法が最も現実的な方法であると思われる。

三、東北アジア平和共同体は、どのように構築すべきか

韓国と中国は、日本の政治指導者たちに対し、戦争被害者に謝罪する態度をドイツから学ぶよう要求している。韓・中・日三国が過去の歴史を克服できず、ヨーロッパのような平和共同体を構築できないのは、果たして過去の問題について謝罪しようとしない日本の狭い心に起因するのであろうか。それとも、一部の人が主張しているように、原因は過去の歴史に過度に執着している韓国と中国にあるのであろうか。それとも、東北アジアには、ヨーロッパとは異なる特別の理由が存在するのであろうか。

中国、日本、北朝鮮、韓国は、いずれも東北アジアの平和と繁栄について語っている。それでは、韓・中・日三国が平和的に共存しながら、共に繁栄できる方法としては何があるのであろうか。今すぐヨーロッパ連合のような共同体を構築することができないならば、どうやって信頼と協力関係を築き上げることができるであろうか。このためには、政治・経済・文化・宗教分野で発揮できるすべての方法を同時に発揮しなければならない。

まず、韓・中・日三国は、いずれも歴史的な真実を素直に受け止めなければならない。歴史的な事実を明らかにし、それを記述するにあたって国家利己主義は抑制されねばならない。政治家たちは、国内選挙における得票数を念頭に置かなければならないため、大衆の世論を無視することはできない。従って、自国の利益を守る立場に立って相手国の弱点を攻撃しがちなのである。ここに、宗教者の勇気と良心が必要とされるのである。立場を変えて考える「易地思之」の姿勢をもって、被害者は加害者の立場を、加害者は被害者の立場を察しながら、真の意味の「修復的正義」を実現しなければならない。このような過程においては、自分の内面の良心の声を「いじめる」ような集団的な利己主義は警戒すべきであり、また真実であれば、如何なる発言も許容する表現の自由が保障されなければならない。

第二に、関係国の間に外交的な摩擦が生じた場合、政治家や言論メディアは、自分たちの立場を強化する一環として大衆を煽動することはやめねばならない。自国民の愛国心に過度に訴えるのは「国家主義」になりがちで、相手国に対する排他的、好戦的態度を招いてしまう。従って宗教者たちは、人類の普遍的な良心に基づいて相手国の立場を「易地思之」し、世論を客観的に導いていく必要がある。換言すれば、「韓国人」、「日本人」、「中国人」という個別の国民の立場からではなく、普遍的な「人間」、「人類」の立場から問題を見つめなければならない。特に宗教者たちは、アジア宗教者平和会議（ACRP）やソウル平和教育センター（SPEC）が行なっているように、アジアの平和のための役割を果たす必要がある。

第三に、韓・中・日三国の間においては、人的・文化的交流を大いに増やし、「平和教育」を行なわなければならない。特に、これは韓国と北朝鮮の間においても必要である。互いに異なる考えを持っている人々の間であっても、頻繁に会合し交流を行なっていけば、誤解はなくなり、相手国を徐々に理解できるようになる。とりわけ未来の世代である青年たちの交流は、多様かつ活発に行なわれなければならず、国際理解教育や平和教育は、すべての学校が選択すべき重要なカリキュラムであるということができる。ここにいう平和教育とは、普遍的な人類愛の立場に立った「あなたが嫌うことを人にさせるな」という黄金律の教育をいう。

第四に、「ヨーロッパ連合」の場合のように、最初は韓・中・日の間において経済協力を増進し、これを基に政治的な共同体へと進んでいくのが望ましい。政治的には各国の利害関係が衝突する可能性はあっても、経済的な問題においては、相互の利害関係は容易に噛み合うはずである。ヨーロッパ連合も、最初は「ヨーロッパ石炭鉄鋼共同体」（ECSC）、「ヨーロッパ経済共同体」（EEC）並びに「ヨーロッパ共同体」（EC）を経て、現在に至っているのである。現在、東北アジア三国の間で「韓・中・日FTA（自由貿易協定）」が協議されており、二〇一一年にはソウルで「三国協力事務局」（Trilateral Cooperation Secretariat）が設立され、東北アジア共同体の構築に向かってさらに一歩近づいている。

第五に、東北アジア平和共同体を構築するためには、何よりもこの地域における武力衝突を恒久的に防止できる安全保障共同体を、優先的に構築しなければならない。そのためには、韓国と北朝鮮との間における緊張を解消しなければならず、北朝鮮の核問題をめぐる米・朝間の緊張関係をはじめ、米朝修好関係及び日朝修好関係を樹立し、最終的には平和協定体制を構築しなければならない。中国と米国の協力こそ、このような一連の過程において絶対的な効果をもたらすものであると言わざるを得ない。今は至難の問題に見えても、これを克服していく過程を通じて、東北アジアには新しい平和の文明が生み出されると確信する次第である。

四、「捨てられたイエス」と「処々仏像」の智慧

人は誰でも自由を願い、平等を願い、幸福を願っている。また誰もが飢えるのを嫌い、差別されるのを嫌い、戦争の恐怖から免れようとする。北朝鮮人だからといって、皆核兵器が好きなわけではないし、日本人だからといって、皆戦争を起こすのが好きなわけではない。自分が好きなものは他人も好きであり、自分が嫌なものは他人も嫌なのである。「普遍的な兄弟愛」は、個人だけではなく、集団や国家のレベルにおいても矛盾を解消し、和解に進んでいくための鍵であるということができる。

ここで宗教者の役割が重要となる。例えば、独島問題の解決にあたって、日本政府や日本国民は、独島が自分の領土であると主張するであろう。これに対し韓国政府や韓国国民は、独島は自国の領土であると主張し、相手の意見を聞こうとしないであろう。しかし、

宗教者であるならば、日本人であれ韓国人であれ、皆を同じ兄弟と見なし、双方の主張をよく聞き、客観的な立場から合理的な解決方案を模索するであろう。

七世紀の朝鮮半島では、新羅、高句麗、百済が漢江流域を獲得するために戦争をし続けていた。しかし、現在漢江は、朝鮮半島全地域に食糧や水を供給してくれる共同の財産となっている。これと同じように、独島や尖閣列島も、遠い未来には（現在のヨーロッパ連合のように、韓・中・日三国も一つの共同体となって）東北アジアに住むすべての人々に幸せを提供してくれる平和の島になる可能性があるかも知れない。

北朝鮮の核問題も同じである。現在、全世界が北朝鮮の核開発を非難し、北朝鮮を懲らしめようとしている。しかし北朝鮮は、まるで何かに腹を立てて（それとも何かを恐れているか誤解をして?）ナイフを握っている不良少年のように、それを手から離そうとしない。宗教者ならば、彼を本当に愛する心をもって、彼はなぜ怒っているのか、何を恐れているのかなどを聞いて、少年の怒りが治まるようにし、また彼が自らナイフを放つようにする方法を考えるであろう。この点からすれば、北朝鮮の核問題は、専ら軍事・安全保障的な側面からアプローチしてはならず、社会心理学的な面から分析してみる必要がある。

ある人は、この少年が多くの人々を傷つける前にナイフを奪い取って、武力をもって彼を制圧するべきであり、このようにすれば、彼が大きな罪を犯すのを防ぐことができ、多くの人々を救うことにもなると考えるかも知れない。しかし、制圧する過程でもっと多くの人が怪我をするかも知れないし、さらには事態が一層悪化してしまう可能性もあることをも念頭に置かなければならない。この点において、北朝鮮の核問題を解決するために米国が採択しようとする先制攻撃のオプションは、朝鮮半島を再び戦争の惨禍に追い込んでしまう危険性を秘めているのである。

先日、筆者は、カトリックのフォコラーレ会員から『喜びのねぐら』という本を頂いた。この本の主要な内容は、苦しめられている人や罪を犯す人に接するとき、彼らを「捨てられたイエス」と見なせよということであった。そして、その人を、まるでイエス様に仕えるように愛をもって接すれば、問題が解決されるということである。街角の飢えた少年も捨てられたイエスで、わが家に侵入した泥棒も捨てられたイエスである。このかわいそうな少年に温かいご飯を提供し、自立できるように手伝うこと、そしてその泥棒が悔い改めて善い人に生まれ変わるように助けることは、まさに「捨てられたイエス」をもてなすことになるのである。

圓仏教の経典の中には、次のような実話が記されている。すなわち、ある老夫婦に嫁がいたが、彼女は甚だしい不孝な嫁であった。圓仏教の大宗師は、老夫妻に、その嫁をお釈迦様と見なして真心を込めて「實地供養」してみたらどうかと勧められた。老夫婦は、大宗師に言われた通りにしてみた。すると、不孝な嫁は遂に善い嫁に変わったという物語である。圓仏教では、これを「処々仏像、事々仏供」という。これは、「すべての人、すべての事物は皆お釈迦様であるので、すべての人、すべての物事に対し、まるで仏様を供養するように心を尽しなさい」という意味である。また「恩生於害、害生於恩」という教えもあるが、これは愚かな人は恵みの中でも害悪をつくり出すが、賢い人は害悪の中でも恵みを見出し、害悪の関係を恵みの関係に変えるという意味である。すなわち賢い人は、どんな対象にあたっても、どんな状況に置かれても、そのすべてを恵みや感謝できる状況に変えるので、相克の関係を共存の関係に変えることができるのである。

それでは、「捨てられたイエス」や「処々仏像、事々仏供」の教えは、国家と国家との間には適用され得ないであろうか。不孝な嫁に対して仏を供養するようにするのと同じように、韓国人を苦しめる北朝鮮の指導者や日本の指導者を、まるで捨てられたイエス様あるいはお釈迦様と見なすならば、彼らに対する恨みを感謝の気持ちに変えることができないであろうか。彼らのために心を込めて仏を供養し続ければ、いつかは彼らとも良い関係になるのではなかろうか。圓仏教の教祖、小太山《ソテサン》朴重彬《パクジュンビン》によると、今は「人智」（人々の智慧）が高くなく、互いに相手を貶《けな》しているが、いつかは人類の「人智」が開かれて、お互いをお釈迦様として供養し尊ぶ日が来るであろうと預言した（圓仏教経典『大宗経』「展望品」第一六章—一八章）。そのときは、韓国、日本、中国、そして北朝鮮の人々も、お互いを尊び、平和に暮らせるようになるのではなかろうか。

アーノルド・トインビーは、東北アジアで人類の新しい文明が始まると予言したが、筆者は、この新しい文明は、まさに上述のように、すべての人がお互いをお釈迦様として、イエス様として奉ずる「処々仏像、事々仏供」の新しい道徳文明であると考えている。狭く短い視点で見れば、この世のすべての存在、すべての事件は「相克」の関係にあるが、大きくて長い目で見れば「共存」の関係にあり、過去における東北アジアの暗い歴史も明るい歴史に変わる日が到来するであろう。筆者は、これこそ東北アジアに咲き始める新しい道徳文明の要諦であり、その中心にはアジアの宗教者たちが立っていると考えている。そしてこの新しい道徳文明は、単に東北アジアにおける矛盾を解消するに留まらず、世界の他の地域の紛争をも解決しうる人類の普遍的な平和のメッセージになるであろう。

しかし、ここで一つ注意すべきは、東北アジア平和共同体を構築するためには、宗教的なアプローチだけでは十分ではなく、政治・軍事的な問題については現実的な対応をもしなければならないことである。例えば、北朝鮮の核問題の解決のために、北朝鮮の金正恩委員長を「捨てられたイエス」と見なし、彼に愛情をもって心を致すとしても、最低限度に必要な政治的・軍事的な対応を完全に排除するということではない。相手が自分の無知のために恩義に背き、大罪を犯す可能性は依然として存在するので、そのようなことが起こらないように、現実的な対応をも徹底すべきである。すなわち、北朝鮮が戦争を挑発できないように、韓国も必要な軍事的な準備を徹底すべきなのである。扉を開けっ放しにしておくと、分別のない人は物を盗む気になって罪を犯すかも知れないが、事前に鍵を閉めておけば、最初から盗む気にはならないのと同じである。この点で、世界を平和にするためには、政治と宗教という二つの軸がバランスを取って社会を導いていかなければならない。

五、終わりに

東北アジアの韓・中・日三国は文化的に多くのものを共有していながらも、過去の歴史に由来する傷は、治癒されていないままにある。東北アジアが過去の歴史による矛盾を解消し、和解と「共存」の共同体に向けて進んでいくためには、政治・経済・文化・宗教などの諸要素が複合的にその作用を発揮しなければならない。しかしこのような社会をつくり上げるために最も重要なのは、東北アジアの人々の「心」が相通ずることであり、このような「心」を相通じさせることに最も大きな役割を果さなければならないのは、まさに宗教者たちなのである。東北アジアにおける真の意味の平和は、私たち皆がお互いをイエス様として、お釈迦様としてもてなし奉じ合うとき、はじめて実現されるであろう。

ユネスコ憲章の前文を引用することで、本日の講演をまとめたい。「戦争は人の心の中で生まれるものであるから、人の心の中に平和のとりでを築かなければならない。相互の風習と生活を知らないことは、人類の歴史を通じて世界の諸人民の間に疑惑と不信を起こした共通の原因であり、この疑惑と不信のために諸人民の不一致があまりにもしばしば戦争となった。(中略)政府の政治的及び経済的取り決めのみに基づく平和は、世界の諸人民の、一致した、しかも永続する誠実な支持を確保できる平和ではない。よって平和は、失われないためには、人類の知的及び精神的連帯の上にこれを築かれなければならない」。

(翻訳・金《キム》 永完《ヨンワン》)

第一セッション

他宗教との対話（中国）

諸宗教の親密な共存を実現し、平和を分かち合う

阿地里江《アディリジャン》　阿吉克力木《アジゲリム》

まず、大会委員会の大変親切なご対応と行き届いたご配慮に、感謝の意を表します。ご在席の皆様と共に、東北アジアにおける平和共同体を構築する際に直面しうる諸問題について議論することができ、大変嬉しく存じます。私は、「諸宗教間における親密な共存の実現及び世界平和の維持・保護」という問題について、分析・考察を行ないたいと思います。この度は、皆様と一緒に、ここ釜山で開催された「二〇一七年ＩＰＣＲ国際セミナー」に参加でき、またお互いに勉強し合い、理解し合い、分かち合う良い機会を提供して頂き、心より大変嬉しく存じます。

昨今の世界には、注目を浴びている「文明の衝突」もあれば、共に唱えるべき「文明の

共栄」もあります。異なる宗教を信仰する人々は、平等友好・相互尊重の前提の下で、対話と交流を展開し、相手を理解・認識すると同時に、相手に対しては自分をも宣伝・紹介し、相違点を残したまま共通点を求めるべく努め、コンセンサスを拡大していくことによって、相互に誤解を取り除き、相互理解を増進すべきであります。まさに「海は百川を納め、容の大なる有り」という中国の古い言葉の通りです。

私は、イスラーム（イスラム教）の角度から、皆様にお話しを致したく存じます。

一、人類の起源は同じなので、仲良く暮らすべきである

イスラームでは、人類は起源を共にしているので、仲良く暮らすべきであると認識しています。アッラーは、『クルアーン』（コーラン）の中で、次のように教えておられます。すなわち、「皆よ！　私は確かに男性一人と女性一人からあなた方を創造し、またあなた方をして数多くの種族と部族を形成するようにし、あなた方をして互いに知り合うようにした」（第四九章第一三節）。ムハンマド（マホメット）は、「人間は、皆アダムの子孫で、

アダムは土でつくられた」と教えておられます。上述した『クルアーン』の中の「知り合う」という言葉には、「共同体意識、交流、愛護」などの意味が含まれています。すなわち、アッラーは私たちを創造し、私たちを互いに異なる民族、異なる地域、そして異なる信仰を持つグループに分けられましたが、その目的は、私たちが互いに交流し合い、互いに理解し合い、互いに愛し保護し合い、仲良く暮らすようにすることにあるのです。

イスラームでは、もしアッラーを敬っても人を愛さなければ、これはアッラーを純粋に敬っているのではなく、また人を愛するだけでアッラーを敬わなければ、これは真心を込めて人を愛しているのではないと見ています。預言者ムハンマドは、人を愛することを信仰の境地まで昇華させ、また人を愛することを信仰の条件としています。「自分自身を愛するように人を愛すれば、そのときはじめて真の意味の信者になるのである」と言っておられるのであります。これは、人を愛する究極的な目的と心の込もった配慮を具現化しています。愛国、平和、団結、寛容などの理念は、いずれも皆、世界各宗教固有の素晴らしい伝統であります。また各宗教の教義は、平和を維持することと互いに睦まじい社会を保持することを要求しているのです。互いに寛容・仁愛、平和共存、平等待遇、相互包容、並びに善意を持って他人を助けることは、イスラームのムスリム（イスラーム教徒）に対する要求だけでなく、各宗教の教義規範でもあります。

二、小異を残し大同につき、相互交流を進める

多様な文化の融合と多くの宗教の共存は、人類の進歩に伴ってなされてきました。そこでは、平等と尊重の前提の下で対話と交流を展開し、異なる民族間・宗教間・文明間の多様性と相違点を尊重し、差別をやめて包容を提唱し、排斥をやめて交流を提唱し、対抗をやめて対話を提唱し、衝突をやめて共存を提唱していけば、誤解は解消され、理解は深められ、仲良く共栄できるようになるのです。中国は、この方面において成功的なモデルであると思います。中国は、多様な宗教信仰を持っている国です。中国には現地生まれの道教もあれば、海外から伝来されてきた仏教、イスラーム、キリスト教（プロテスタント）並びにカトリック教もあります。これら各宗教は、長期にわたる培養・発展と交流の過程を通じて、多元的な共存、親密なつきあい、対話と交流、相互の学習並びに共同発展とい

う構造が形成されており、各宗教は、昔から互いに排斥・侵犯することはありません。このような伝統は、中華文化の重要な構成部分となっています。各民族と各宗教の信者は、中華民族と中華文化を認めるだけではなく、各自の民族文化と信仰的な特色を保留し、調和の中に多様性を包容し、多様性の中に調和を求める構造を形成してきました。中国の歴史においては、宗教と宗教との間や信仰を持っている人と持っていない人との間には、大規模な武力衝突は一度も発生したことがなく、宗教の名目で外国に戦争を仕掛けたこともありません。

三、矛盾を解消し、平和を分かち合う

昨今の世界において平和と発展は依然として時代のテーマであり、宗教は調和のとれた社会をつくり上げ、調和のとれた世界を共に建設する際に、不可欠で重要な要素であります。どうすれば矛盾が解消されるかという問題に対しては、私たちの知恵と忍耐力が必要とされます。時代の加速度的な発展、科学技術の高度な発達は、人類の社会生活を一層規

則正しくし、更なる秩序を必要とし、一層調和のとれたものにする原動力になるはずです。そのために、私たちの知恵を用い、忍耐力を失わないで、穏和な方法を通じて問題と紛争を解決し、狭い個人中心主義を放棄するならば、私たちは、一層安全で平和な世界の中に暮らすことができるでしょう。

周知のように、すべての宗教は悠久の歴史と広範囲に及ぶ影響力を持っているので、宗教の影響力を発揮し、各宗教における勧善懲悪の思想、心霊の浄化、中道の遵守、平和を求める理念を大いに宣伝し、各宗教における愛国・愛教精神、団結して前進することや社会奉仕という素晴らしい伝統を発揚し、また宗教教義、宗教文化、宗教モラルの中にある社会の発展や進歩に役立つ要素を掘り起こさなければなりません。これは、矛盾の解消や調和する世界をつくり上げることにおいて、重要な役割を果たしうる積極的な意味を持っているのです。

要するに、宗教の主要な「担い手」(carrier)の一つは信徒たちであり、そして信徒たちの行為は宗教に対する直接的な表れであります。すべての宗教は、信徒たちに対し、落胆するよりは希望を持ち、萎縮するよりは進取的になり、非難するよりは勧告し、報復するよりは忍耐し、猜忌《さいき》する（妬み嫌う）よりは誠実になり、分裂するよりは団結し、独断的になるよりは協議し、放棄するよりは協力し、敵対視するよりは仁愛の心を持つように努めることを要求しています。もし信徒たちが信仰する宗教の素晴らしい伝統を発揮することができるならば、その宗教の健全な発展に役立つはずであり、安定的で調和のとれた世界の到来にも役立つはずであります。

各宗教間における教養に基づく対話は、世界の歴史の発展に伴って日増しに拡大されつつあり、また人類の親密な関係、社会進歩、世界平和と調和のとれた世界を促進する文明観を形成しています。人類の宗教文化の多様性を維持・保護し、平等・民主・寛容な精神に基づいて、各宗教間の相互協力、相互信任と相互恵沢、共同発展を通じてはじめて、人類は豊富多彩で平和共存の未来を迎えることができると、歴史は私たちに語っているのであります。

友人の皆様！ 互いに仲良く暮らすことと平和を共に享受することは、私たち宗教界が共同で求めているものであり、人類が共同で求めているものでもあります。「理解を増進し、誤解を取り除く」宗教間対話は、宗教間の相互尊重や相互理解を実現するのに役立つだけでなく、各宗教の持つ信仰と実践の独特性を維持させると同時に、各宗教の親密な相互交流と共同発展にも役立ちます。ここで、私たちは異なる民族、異なる宗教、異なる文明の間において、交流をもって排斥に取って代わり、対話をもって対抗に取って代わることを望んでいます。中国の宗教界は、世界各国の宗教組織と共に、双方向の相互交流、平等な対話、相互理解と相互包容の増進のために、また調和のとれた社会と世界の建設を推進するために、さらには世界平和と発展を推進するために、自分たちに可能な貢献をしていきたいと思っております。

皆様！　私たち宗教界独自の優位性を発揮し、宗教の勧善懲悪、精神の浄化、中道の遵守、平和の理念を大いに発揚し、共に世界平和を構築し、共に分かち合う平和と発展を推進するために、共に力を合わせて貢献して参りましょう。

（翻訳・金　永完）

「諸宗教の親密な共存を実現し、平和を分かち合う」に対するコメント

金子《かねこ》　昭《あきら》

ただ今は阿地里江阿吉克力木《アディリジャンアジゲリム》先生より、イスラム教指導者のお立場から、宗教間対話についての大変格調高いご講演を頂きました。とても感銘深く拝聴致しました。阿吉克力木先生は、宗教間対話を可能にする条件について大きな示唆を与えて下さいました。私の理解によれば、それはまず何よりも他宗教に敬意を表し、他宗教から学ぶ姿勢であります。私たちがこのような立場に立つことにより、諸宗教が連帯して、共に共有する平和の思想を広く宗教界から発信することが可能になります。私は、宗教の共通倫理という観点から二点、コメントを致したいと思います。

第一点は、先生がおっしゃった「求同存異、互相交流」（相違点を残しつつも共通点を得るべく努め、相互の交流を図る）についてです。私がこの言葉で思い出したのは、一八世紀ドイツの劇作家で思想家でもあるレッシング（Gotthold Ephraim Lessing, 1729-1781）の『賢人ナータン』[1]に出てくる「三つの指輪」の寓話です。

一人の豊かな商人が秘密の指輪を持っていました。その秘密というのは、この指輪の持ち主は神からも人からも愛されるという不思議な力を与えられるというものです。この商人には三人の息子がいました。しかし秘密の指輪は一つしかありません。そこで、商人は宝石職人に頼んで本物そっくりの指輪を二つ作らせました。やがて商人は年老いて、臨終の床で、息子たちを一人ずつ呼び、それぞれに「これが秘密の指輪だ」と言って指輪を手渡し、そして亡くなりました。

彼の死後、息子たちは、自分こそ「神からも人からも愛される力を持つ」指輪をもらったのだと主張して、お互いにゆずりませんでした。宝石鑑定人が見てもどれが秘密の指輪なのか全く分かりません。お互いの喧嘩はいつまでも続いたので、とうとう息子たちは裁判官に訴えました。この裁判官はこう判決を下しました。「私にもどれが秘密の指輪なのか分からない。しかし、お前たちそれぞれが父親から授かったなら、自分の授かった指輪こそが本物だと信じるがよい。そして、お互いに神からも人からも愛されるよう努め励みなさい」と。

この寓話の中の商人とはセム系一神教でいう「父なる神」であり、三人の息子たちは「父なる神」の教えをそれぞれの形で譲り受けたユダヤ教、キリスト教、イスラム教を指しています。どの宗教も真実の神から真理を授かっているのです。もしお互いがいがみ合い、争ったりしたとすれば、秘密の指輪はどれもが偽物だったということになります。

その意味でも、どの宗教も自らの教えられた真理の通りに神を愛し、人びとを大切にしなさい、そうすればその教えを信じる人はだれもが神からも人からも愛されるというわけです。そのようにしてこそ、どの宗教の教えも本物であり真実なものになります。言い換えれば、その宗教を本物にするのも偽物にするのも、その担い手である信仰者なのです。阿吉克力木先生はまさにその点を指摘して、「宗教の主な担い手はその信仰者であり、信仰者の行為こそがその宗教を直接的に現わす」とおっしゃいました。

対外的には、どの宗教も信仰者の言動によって良くも悪くも評価されます。私たちは、異なる宗教間での対話を通じて、今度は非宗教的な人びとや社会に宗教の教えや素晴らしさを伝え、世の中を平和に導いていくことが求められます。

第二点は、「化解矛盾、共享和平」（矛盾を解消し、平和を共有する）についてです。人びとがお互いに異なる価値観や生活様式を持ちながらも、同じ人間として共存共栄して暮らせる社会は、調和ある平和の世界創造の前提となります。宗教者は、まさに自らこのような世界創造のモデルとならなければなりません。

「自分がしてほしいことを他の人にしてあげなさい」という積極的表現であれ、「自分がしてほしくないことは他の人にしてはいけません」という消極的表現であれ、黄金律（The Golden Rule）は古来、あらゆる世界宗教が説いてきました。ただ、この黄金律は従来もっぱら個人と個人との関係、つまり個人倫理のレベルでのみ説かれていましたが、今日グローバルに人びとが相互交流する時代にあっては、もっと広い文脈、すなわち個人と社会、あるいは社会と社会の関係、つまり社会倫理のレベルで問われなければならないものなのです。現代アメリカの共同体主義（communitarianism）の思想家であるアミタイ・エチオーニ（Amitai Etzioni）は、新しい黄金律として、次のモットーを提唱しました。「あなたは、社会に対してあなたの自律を尊重し支持してほしいと願うように、社会の道徳秩序を尊重し支持しなさい[2]」と。

ここで大切なのは、共同体（community）が個人の自律と社会の秩序を兼ね備えたものでなければならないということです。つまり、一方で社会が個人の自由な生き方や人間性を尊重すると同時に、他方で個人は社会の調和のために貢献するべきだということです。二一世紀の今日、私たちは一つの地球村（global village）に住んでいます。すなわち、地球全体が一つの共同体なのです。この地球村での宗教の役割はまさに阿吉克力木先生がおっしゃった「善を勧め悪を避ける教えを広め、心魂を浄化し、中道を守り、平和の理念を追求する」ことに尽きるでしょう。

最後に、私から質問を二点申し上げたいと思います。

一つ目の質問です。中国では宗教間対話は具体的にどのような形で行われているのでしょうか。また、中国の宗教界全体として発信している世界平和へのメッセージがあれば、その具体的な事例をお教え頂けましたら有難く存じます。

二つ目の質問です。宗教には、人間の心魂（性霊）を癒したり生きる勇気を与えたりする役割と同時に、社会で困窮している人たちを直接支援したり救援したりする役割があるように思います。中国におけるイスラム教の「喜捨」（ザカート、サダカ）の実践、また宗教界全体としての社会奉仕活動について、実際にどのようなことが行われているか、教えて頂けましたら幸いに存じます。

註

（1）レッシング『賢人ナータン』（篠田英雄訳、岩波文庫）参照。
（2）アミタイ・エチオーニ『新しい黄金律――「善き社会」を実現するためのコミュニタリアン宣言』（永安幸正監訳、麗澤大学出版部、二〇〇一年）参照。

「諸宗教の親密な共存を実現し、平和を分かち合う」に対するコメント

孟《メン》　康鉉《ガンヒョン》

周知のように、宗教は一つの信念体系ですので、心ならずもドグマ、すなわち独善的な傾向を表してしまうことがあります。このような傾向は、宗教によって程度の差はありますが、唯一神系統の宗教ではこの傾向がより強いということができます。

問題は、このような傾向がその内部で消化されず、外部に露呈する際に発生します。換言すれば、宗教間の矛盾は、自分の宗教を伝播する過程において相手に「強要」するとき発生し始まるが、これは宗教間の矛盾に留まらず、共同体の平和を破壊する種になることもあります。この意味で「己所不欲、勿施於人」、すなわち「自分が欲しないものを他人

に強要すること勿れ」や、「和而不同」、すなわち「各自の個性に従って生きていくにしても、互いに平和的につき合う」という孔子の教えが胸に響きます。

阿地里江《アディリジャン》阿吉克力木《アジゲリム》先生は、人類は根源を共にしているので互いに仲良く過ごすべきであること、一緒にできることは一緒に行なって、相違点はそのまま残しておきながら相互交流を行なうべきであること、そして相互に対立する矛盾は解きほぐして平和な世界を共に享受すべきであるという趣旨のお話をされました。誰もが共感できる内容であると思います。

発表者の方に、二点ご質問させて頂きます。

第一に、発表者は、多宗教社会の中国では、宗教間に矛盾がほとんど発生しないとおっしゃいましたが、それが可能になった原因を教えて頂ければと思います。例えば、中国の土着宗教である道教と儒教、そして中国化した仏教そのものに内在する包容性が、西洋から伝来されてきた外来宗教との摩擦の要因を予め無くしたのか、それともイスラーム（イスラム教）、天主教（キリスト教カトリック）などの唯一神教でも、中国に伝来された歴史が長いので現地の文化によく適応してきたのか、それとも中国政府の合理的な宗教政策のためなのか、といったような要因を教えて頂きたいと思います。

第二に、発表者は、他の宗教や他の民族に対する包容及び愛は、イスラームの教義にもあるとおっしゃいましたが、今日の世界における多くの紛争はイスラーム文明とキリスト教文明との間の衝突に由来すると解釈する学者も存在し、イスラームの唯一神思想は異教徒を排斥するからであるという見解もあり、またイスラームの組織が世俗の政権を掌握しているか、それとも掌握しようとするからであるという解釈もあります。この問題についてのご見解をお伺いしたいと思います。

（翻訳・金　永完）

「諸宗教の親密な共存を実現し、平和を分かち合う」に対するコメント

金《キム》　龍煥《ヨンファン》

ご発表では、異なる宗教間の親密な協力による平和共有の実践方法が提示されている。韓国は、多宗教社会として宗教間の対話を実践し、お互いの相違点を受け入れることによって、親密な協力関係を探求してきた歴史を持っている。ご発表の内容は、宗教多元主義を実践するのに必要なご提案ではないかと理解している。韓国では、宗教間対話は仏教、プロテスタント、カトリック並びに新宗教との間における対話と実践を意味する。現在、韓国で公式に行なわれている宗教間連帯の会には、韓国宗教指導者協議会、韓国宗教人平和会議（ＫＣＲＰ）、オンギョレ・ソンジャッキー（全民族の手つなぎ）運動本部、韓国

宗教連合先導機構などが存在する。このような公式の会以外にも、様々な非公式的なチャンネルで対話が展開されている。

二〇〇〇年からは「難治の病を患う子供を支援する宗教連合の愛のバザー」（宗教連合バザー）をはじめ、多くの地域で宗教間対話と協力運動が活発に行なわれている。特に、若い聖職者たちが中心となった「開かれた宗教市民大学」は、「宗教者の開かれた心」を強調する場として、他宗教を幅広く理解し平和な世界をつくり上げるための母胎となった。ご発表にも強調されているように、互いに異なる宗教を持っている宗教者間の対話では、平等・友好、相互尊重、相互理解を前提にして自分を紹介することによって、共通認識の地平を拡大することが求められている。

しかし現代社会は、人間の霊性的な価値が物質主義、消費主義、快楽主義に埋没され、深刻な危機的状態に直面している。世界平和と社会正義も甚だしく脅かされている。阿地《アディ》里江阿吉克力木《リジャンアジゲリム》先生は、イスラーム（イスラム教）の事例を挙げながら、人類は根源を共にしているので互いに仲良く暮らさなければならないと指摘されている。また、他の宗教を信仰する隣人や人種の間においては対立を避け、対話を通じて開かれた精神と善い心をもって、社会の心配事を共に悩み、より明るくて温かい世界をつくっていくための生き方の重要性が強調されている。

阿吉克力木先生は、中国を宗教多元主義国家であると紹介しながら、中国現地に生まれた道教、長い伝統を持つ仏教、そしてイスラームとキリスト教（プロテスタント）並びにカトリックが共存していると指摘されている。また、各宗教が互いに排斥・干渉することなく、中華文化の主要な構成要素を成していると紹介されている。各民族と各宗教の信徒は、中華民族と中華文化の構成要素として調和のとれた中華アイデンティティーを形成していると同時に、多様性をも保持しているということである。宗教間の対話を通じてお互いの相違点を理解し、中華文化の共通した基盤を築き上げることが、宗教者として果たすべき社会的責務であると明らかにしている。ここで、発表者のいう宗教多元主義は、中華文化の共通基盤を築き上げる目的として宗教間対話を認めるという宗教多元主義なのか、それとも宗教間の相違をそのまま認める目的で宗教多元主義を主張しているのか、というのが明らかではないことを指摘したい。お互いの相違点を尊重することを看過したまま、中華主義という共通基盤を築き上げるために行なう宗教間対話は、宗教者の霊的な自立性を喪失した領土主義に還元され易い還元主義の誤謬を犯してしまうからである。

中国の作家魯迅は、『阿Q正伝』を通じて霊魂の脱領土化を主張し、中国人を啓蒙するために、阿Qという主人公を通じて中華主義の虚構性を猛烈に批判したことがある。宗教であれ民族であれ、自己伝統中心主義の思考方式は、またもや他者を配慮しない霊的な領土主義という軛《くびき》に掛けられることになるのである。

私は、他宗教との対話にあたって柔軟性を持ち、各宗教の持っている伝統の潜在力と可能性を認める努力を惜しまないようにする必要があると思っている。他の宗教もある程度の真理を持っているとする包括主義の立場に立って行なう宗教間対話は、各宗教伝統の相違を忘却したまま、共通基盤をつくることだけに関心を寄せる嫌いがあるため、他者の自己領土化という旗印に容易に埋没してしまう恐れが潜んでいると言わねばならない。この機会を借りて、中国では、諸宗教間の相違についてどのように配慮しているのかということについて質問したい。宗教間の対話は、相互成熟にその目的がある。各宗教は、それぞれ自分なりの真理を求めており、それ自体をそのまま尊重する必要がある。

またご発表では、宗教間の「文明的な対話」は世界の歴史の発展と共に増長していくであろうし、社会の進歩、世界平和並びに文明の発展を促進するであろうと予見している。宗教間の協力によって、豊かで多彩で親密な共存の未来を迎えることができると指摘されている。ここで私は、宗教間の協力は何を意味するのかをお聞きしたい。既存の宗教伝統とは関係のない新しいかたちの協力を意味するのではないかと、疑懼《ぎく》の念を抱いている次第である。よく言われているように、宗教間の対話は人生の問題を語り合うものである。日常的な触れ合い、相手と知り合うこと、開放的な態度と友情などが、人生の問題を語り合うための前提条件である。このような人格的な対話を通じて、先入観は克服され、緊張は緩和され、閉鎖的な思考方式は更生されるのである。また行動を伴う対話は、協力の場を切り開いてくれる。このような協力を通じて、各宗教は自分の真実性と信憑性を示し出し、ひいては「霊魂の脱植民地化」を導き出す。さらに人間の尊厳と権利のために戦い、不義に立ち向かって平和のために献身するようになるのである。

また専門家同士の交流と対話は、宗教専門家たちが互いに宗教遺産と霊的価値を一層深く理解しようとする探求的な対話である。宗教者たちが真面目に真実の対話を求めるならば、諸宗教の間に存在する明確な相違点に注意を傾けなければならない。このような相違に対する相互理解は、相互のアイデンティティーや特異性を明確に理解できるようにし、互いの宗教生活がより真実なものになるように助けてくれるのである。最後に「体験対話」は、宗教的な体験を互いに分かち合うことである。このような対話を通じて、異なる宗教を持つ人々は、互いに霊性の実践、例えばお祈りや黙想、善行の実践などについての体験を語り合うことになる。このような体験を分かちあう交流を行なっていけば、更なる交流のための肥沃な土壌が提供され、人間の尊厳と霊性の価値は、その上に新たに咲くようになるのである。

他の宗教に対して開かれた心をもって対話することは、宗教という枠組みを乗り越えて、より多くの人が同意できる霊的な価値を具現化し、霊魂の植民地化状態を治癒する道となるであろう。しかし宗教間協力は、新資本主義の支配構造をつくり出してしまう恐れがある。相違を認める宗教間対話は、共通の基盤を中心に宗教を人為的に再編し霊魂を植民地化することとは区別しなければならない。宗教間対話が目指すのは宗教の統一ではない。相互の対話は、互いの信仰が豊かに結実するように促進することによって、人類社会の正義と人権の花を咲かせることなのである。

（翻訳・金 永完）

第二セッション

差別と偏見の元をたずねて（日本）

和解をめざして
――アジアに対する日本人の差別の根底にあるものと宗教――

山本俊正《やまもととしまさ》

近代日本人のアジア認識――侵略と連帯の狭間で

近代日本及び日本人のアジア認識は明治維新以降、アジアへの「侵略」と「連帯」を表裏一体とする思想として形成されてきました。またその認識は、アジアに対する日本人の差別意識の根底に横たわる基層を形成しました。明治初期に主張された「和魂洋才」、「脱亜入欧」、「アジアは一つ」もその内実は、「侵略」と「連帯」の両方向性を内包していました。「アジア」は一九世紀後半、日本の明治維新、文明開化の過程で、一方では文明度の低い地域と見なされていました。また他方でアジアは、欧米に抑圧される対象であり、欧米の利権争奪競争の対象地域として特徴づけられていました。日本は日清戦争、日露戦争に勝利することによって、アジアにおける優越した地位を獲得し、他のアジア諸国に比べて進んだ存在であるという認識が、一方で増幅されたのです。例えば日清戦争は一八九五年に終結し、下関条約が締結されました。この条約では清と朝鮮の宗属関係という植民地支配の関係が解消され、朝鮮の独立が認められました。また、遼東半島、台湾、澎湖列島の割譲が決定し、多額の賠償金が支払われています。この日清戦争の勝利によって、大きく変化したのは、日本人の中国観でした。

日清戦争以前の中国は、政治的にも文化的にも大国中の大国でした。日本人の間には、中国に対する尊敬と敬意、「強国」というイメージが定着していました。しかし、その中国に日本は戦争で勝利を収めました。これによって中国の強国イメージは瓦解し、アジアにおける日本の大国意識が高揚したのでした。しかしこの条約の締結以降、アジアへの「連帯」を喚起するような出来事が起きます。それは下関条約締結後の三国干渉です。日本は遼東半島の領有を勝ち取ったのですが、これに対してロシア・フランス・ドイツが介入し、遼東半島の返還を要求したのです。日本人は怒り心頭、猛烈に反対しましたが、日本政府は西欧列強の圧力に抵抗できず、要求を飲むことになります。この時、「臥薪嘗胆」という言葉がよく使われ、欧米列強への屈辱感が植え付けられました。またそれは、日本人の意識の深層に蓄積されました。日清戦争は、一方でアジアに対する優越感を生み出し、他方では、西洋列強に対する屈辱感を醸成したのです。

この蓄積された屈辱感をベースにして「人種」的な立場から、日本人は他のアジア人同様、有色人種であり、共に「連帯」、結合し、欧米に対抗する勢力となることが認識されることになります。例えば、日露戦争に勝利することによって、日清戦争で醸成された日本人の朝鮮や中国に対する優越感は、自明の事柄として意識の中に、更に浸透しました。日露開戦以来の軍事力を背景とした日本の朝鮮支配への方向性が強化され、その正当性は民衆の意識レベルまで浸透したのです。しかし同時に当時の日本人は、たとえ他のアジア人に優越感情を持つとしても、対白色人種との関係においては、同じ黄色人種による東亜の連帯の必要性が意識されたのです。そしてそれは「東亜聯盟」の構想へと導かれてゆきました。またこの「人種対立」によるアジア認識は、当時アメリカで起きた日本人移民排斥運動の影響があったことも考えられます。移民の国であるアメリカが移民排斥を唱えたのは、トランプ大統領が最初ではありませんでした。一九〇〇年頃から日本人移民への排斥は本格化し、一九〇六年には、サンフランシスコで日本人学童が公立学校への入学を拒否され、日本人学童隔離問題が起きています。加えて一九二四年に施行された「排日移民法」では排日土地法などが適用され、日本人の意識の根底において、「白色人種」による「黄色人種」に対する差別を衝撃的に体験する契機となったのです。当時の日本人は、「白人」による支配や差別の歴史的状況を、「白閥《はくばつ》」または「白禍《はくか》」と呼びました。岡倉天心は彼の書いた英語の論文で、「白禍」を“White Disaster”と呼び、軍隊とキリスト教による西洋の帝国主義の侵略を批判しています。これらアジアに対する「優越感情」と「人種的同胞感情」から、日本が「アジアの盟主」となるスローガンが登場し、朝鮮・台湾を植民地化し、中国を侵略する思想的背景となっていきました。また同時にそれは、「東亜聯盟論」、「亜細亜聯盟論」の背景となり、中国や朝鮮との「聯合」、「併合」の議論の枠組みが提供されたのです。

また、「人種的同胞感情」の認識からは、アジア諸民族の間には、欧米とは異質なアジア独特の精神文明が存在することが指摘され、欧米の物質文明に対するアジアの精神文明が対比的に論じられました。例えば、一九〇九年には反帝政ロシアの活動家であり、イスラーム指導者であるアブデュルレシド・イブラヒムが日露戦争に勝った日本に着目し、来日しています。イブラヒムは玄洋社というアジア主義を標榜する国家主義政治団体の頭山満や内田良平とも親交を持ち、アジアが共に「連帯」できることを確認しています。両者によってイスラームを含めたアジアの精神文明論が議論され、意気投合したと言われています。この精神文明論は日本の右翼思想と結びつき、西洋帝国主義を打倒し、アジア各国の連帯の実現による「東洋統一」が唱道されました。しかし結果的には、アジアに対する「優越感情」と「人種的同胞感情」という認識は、日本の帝国主義という「侵略」に収斂されて行きます。「大東亜共栄圏」の幻想に支えられた第二次世界大戦への日本の参入の歴史はそれを如実に示しています。

これら近代の「アジア」認識は、「アジア主義」として議論されることが一般的です。この「アジア主義」の議論を戦後リードした代表的な論客は竹内好《よしみ》でした。竹内は一九六三年に刊行された『アジア主義』(現代日本思想大系9、筑摩書房)という本の編者を務めています。同書巻頭の解説「アジア主義の展望」の中で、竹内は「アジア主義は多義的」であるとし、その属性を次のように述べています。「アジア主義は、（中略）どんなに割引きしても、アジア諸国の連帯（侵略を手段とすると否とを問わず）の指向を内包している点だけには共通性を認めないわけにはいかない。これが最小限に規定したアジア主義の属性である。」竹内は、「アジア主義」の把握において、とりわけアジア諸国の「連帯」という属性を重視しました。竹内は勿論、「アジア主義」が歴史的に「侵略思想」に転化したことを批判しています。しかし同時に「アジア主義」が持つアジアとの「連帯」の可能性にも着目したのです。竹内はこの側面を「抵抗としてのアジア主義」、「思想としてのアジア主義」に分け提案しています。前者は西洋列強による帝国主義への抵抗原理として、後者は西洋哲学の認識論への批判と東洋の世界観の再評価として議論を展開しています。確かに「アジア主義」の帰結点であった第二次世界大戦中の「大東亜共栄圏」思想は、竹内の言葉で表現するならば、「アジア主義からの逸脱、または偏向」と捉えることもできます。しかし「大東亜共栄圏」思想は明らかに、近代日本人のアジア認識、またそれに基づく、アジアに対する日本人の差別意識を表象する集大成の思想でした。「大東亜共栄圏」は現在でも、日本人にとっては、アジアとの「連帯」の可能性に立ちはだかるトラウマとも言えます。過去に開催されたＩＰＣＲ国際セミナーの中でも、日・中・韓の宗教者が「東北アジア平和共同体の構築」の可能性を議論する時に、歴史的危惧として日本人参加者の、また韓国、中国からの参加者の頭をよぎるのが、戦前の「大東亜共栄圏」思想でした。例えば、二年前、二〇一五年の国際セミナーで基調講演をした韓国の朴光洙《パククァンス》氏は、「東北アジアの平和共同体」を構築するために私たちが共有すべき宗教・精神文化の中心軸として「大同思想」に光を当てています。朴氏は平和共同体構築の前提条件として、韓国、中国、日本の三国が自民族中心主義から開かれた民族主義へと進まなければならないことを指摘し、日本の大同思想について以下のように述べています。「日本の大同思想は、大体天皇制を中心に「大東亜共栄圏」を求める方向に進んだ。日本を中心に東北アジアの諸民族の共同繁栄を求めるという大東亜共栄圏の理論的体系は、日本帝国主義が韓国と中国、そして東南アジアに拡張していく侵略戦争の思想的基底となった。」

アジアとの連帯を指向しながらも、日本及び日本人は、現在も「大東亜共栄圏」思想の負の遺産を継承していることを心に留める必要があります。

ここまで近代史における、日本人のアジアに対する差別の基層をなしているアジア認識の「侵略」と「連帯」という二律背反の構造を見て来ました。次に、日本の宗教者が近代において国内の代表的な少数者への差別にどのように関係したかを短く概観して見たいと思います。

日本の「差別」と「宗教」の関係

近代日本における代表的差別は、沖縄の人々、アイヌ、在日コリアン（在日韓国・朝鮮人）、被差別部落の人々に対して行なわれてきました。差別の性格や方法はそれぞれ異なっていますが、共通しているのは人間としての尊厳が侵害され、不当な扱いを受けてきたということです。そして、差別はいつも支配と被支配の関係において生み出され、その関係の中で固定化されてゆきます。他の国々の宗教者同様、日本の宗教者も社会的に自分を支配層に同定する誘惑に陥りがちです。宗教者が権力にすり寄り、支配層の補完的な役割を果たすようになるのは、紀元後四世紀にキリスト教がローマ帝国の国教になり、帝国の戦争にお墨付きを与える役割を担ったことに遡ることができます。当時の神学者、アウグスティヌスはローマ帝国の戦争を正当化するために神学的に葛藤し、「正戦論」を生み出しました。宗教は、歴史の中で人々に解放をもたらす役割を持つと同時に、支配層と結びつき抑圧や差別を正当化する道具としても用いられてきました。

日本の差別の歴史を振り返る時、沖縄の人々は、一七世紀初頭の島津氏による侵略以来、「ヤマト」の支配権力による多様な差別や抑圧を甘受してきました。現在も沖縄は政治・経済的に「ヤマト」の意向に従属し、不利な立場に置かれていることは周知の通りです。また過去には、支配権力の抑圧を正当化するために沖縄の人々を「劣った」者として差別してきました。薩摩藩の弾圧に加えて、明治政府はさらに厳しい支配を行なったことはよく知られています。沖縄の学校では琉球語が使用禁止になり、沖縄の文化を露骨に否定する政策がとられました。「ヤマト」に出稼ぎ労働に来た沖縄の人々は出身のゆえに差別を受けました。戦後も沖縄は日本から切り離され、現在も日本にある米軍基地の七〇％以上が沖縄に集中しています。

宗教との関係では、沖縄には古くから女性を神職とする民俗宗教がありました。神の鎮座する場所を「御嶽《うたき》」と呼び、小高い丘などで祭りを行ない、民生の平安と五穀の豊饒を祈る儀式を行なっていました。祭りを司る中心人物を「根神《にいがみ》」と呼び、村人から尊敬を受けていました。しかし一二世紀の王国時代になると、国王によって「根神」の上に位する「きみ」と「のろ」が神職として任命され、宗教的序列が固定化し、首里王府の政治的支配の基礎になりました。沖縄に仏教が伝来するのは一三世紀中頃ですが、仏教は支配層の狭い範囲に受けいれられたと言われています。宗教的序列では下位に位置した「根神」は、その後霊媒（口寄せ）として庶民の日常生活に定着し、今日の巫女《みこ》（ユタ）に受けつがれていると言われています。沖縄の人々の民族宗教と「ヤマト」の宗教との関係は、支配と被支配の関係に類似しています。沖縄の人々が受けた「差別」と「ヤマト」の宗教は無関係ではありませんでした。

アイヌは他の日本人によって長い間、「夷狄《いてき》」、すなわち潜在的な敵である異邦人と見られていました。和人（シャモ、日本人）にとっては、「征伐」の対象とされていました。その結果、支配の対象とされ、過酷な差別を受けてきました。長年にわたる抑圧と搾取のために、かつては広大なアイヌモシリ（＝アイヌの大地。〝アイヌ〟はアイヌ語で「人間」の意）に多数居住していたアイヌも、今日では人口が減少し、二万から三万人と言われています。また差別の歴史の結果として、アイヌ自身が自らの出自を明かさないことで、人口統計に反映されていないことも考えられます。近代の人類学はアイヌを「劣った」民族のように想定し、偏見を助長してきました。しかし近年の研究は、自然人類学上も、アイヌが縄文文化の特徴をになう原日本人、日本の先住民族であることを明らかにしています。アイヌの宗教は、近年アイヌ自身の手によって保持及び実践の努力がなされています。アイヌ文化の研究同様、宗教への一層深い理解が研究者によっても進められてきました。アイヌの霊的世界、とくにアイヌの神概念は、日本文化の基底をなすものであると言われています。中国や韓国にある土着の伝統的な宗教と比較してみるのも興味深いかもしれません。アイヌの宗教に教理がないことは神道にも似ていますが、組織的な創唱宗教ではなく自然宗教と考えられています。現在、アイヌの多くは自らの宗教に所属しているよりは、日本の他の宗教に所属している人が多いようです。明治期に比較的遅れて北海道に入った日蓮宗はアイヌの多くが所属している仏教教団です。日蓮宗の僧侶たちは貧しいアイヌの村に入り、親身になって支援をし、布教したと言われています。この他、一部に神道、少数ですがキリスト教が受容されています。徳川時代から明治維新以降も、日本の中枢にある権力は一貫してアイヌ自身の宗教を抑えてきたことが知られています。当時の仏教教団がこの政策に加担したことも指摘されています。宗教がアイヌの主体性の確立に寄与したのかどうかは、問い続けられねばならない課題でしょう。

在日コリアン（韓国・朝鮮人）の人口は現在約六〇万人とされています。日本人との国際結婚が増加し、その子弟は他の国際結婚の子弟同様に「ダブル」と呼ばれています。在日コリアンに対する差別は、近代日本の他民族支配と抑圧を正当化する典型的な事例として多くの研究、調査、詩、映画、小説等々、様々な領域で発表されています。「朝鮮人は劣った民族」という捏造された神話に基づき、日常的な偏見、差別が法的地位、教育の機会、就職、結婚、住居、社会保障等において行なわれて来ました。二〇一五年の本セミナーで眞田芳憲先生が発表された「ヘイトスピーチ」の事例も、その対象の多くは在日コリアンです。在日コリアンと宗教の関係については、圧倒的な影響力をもった宗教を特定することができません。大多数の日本人が所属する仏教との帰属関係は一定程度あることが分かります。同じ日本の主要な宗教でも神道に関しては、戦時中の国家神道が、朝鮮人に対して皇民化政策の一翼を担ったこと、神社参拝が強要されたことから、神道を受容し信仰する人は少ないようです。キリスト教は、在日大韓基督教会（ＫＣＣ）が明治初期に朝鮮から来日した人々によって始められ、現在、教会員が約一万人いることが報告されています。ＫＣＣは少数による教会でありながら、在日コリアンの人間の尊厳を保つための精神的基盤として、重要な役割を果たしてきました。ＫＣＣは、日本社会における在日コリアンへの不当な差別に対して、他の市民団体等と連携して抵抗運動を展開してきました。一九八〇年代の指紋押捺拒否の運動は代表的な取り組みの一つでした。日本のプロテスタント教会は、少数の例外を除いて多くの場合、在日コリアンが受けた差別に対して十分に取り組むことができませんでした。キリスト教の内部においても、教会が社会問題に関与することに関しては意見が二分しています。関与を肯定するグループと否定するグループの神学論的、宣教論的な相違の溝は現在も埋まっていないのが現状です。

日本社会において、数の上で最も多くが差別の対象に置かれているのが、被差別部落の人々です。江戸時代に定められた士農工商という身分制度の中で「見えない」存在として最下層に位置したのが被差別部落の人々でした。現在その数は、約一〇〇万人と言われています。社会的な身分階層としての差別は「人種」による差別とは異なり、職業による「穢れ」や「出自」が問題とされました。被差別部落の人々は、在日コリアン同様、日常的な偏見、教育の機会、就職、結婚、住居、社会保障等において差別を受けて来ました。宗教者との関わりでは、二〇一五年の本セミナーで発題応答者であった中野重哉師が世界宗教者平和会議（WCRP）での事例を以下のように報告しています。「さて、一九七九（昭和五四）年にアメリカのプリンストンで開催された「第三回世界宗教者平和会議」（WCRPⅢ）において、当時の全日本仏教会理事長が差別発言を行った。その内容は、「日本に部落差別はない」「百年ほど前にあった」「部落問題を理由にしてさわぐ一部の人がいる」などの発言であった。まさに、現実に存在する「部落差別」を隠蔽するような主張、発言を行ったのである。（中略）この差別発言を契機に、一九八七（昭和六二）年に「同宗連」（同和問題にとりくむ宗教教団連帯会議）が結成され、六四教団三連合体が差別撤廃に向けての運動に参加したのである。これは単一の教団の問題とせずに宗教教団、あるいは全宗教者としての問題として、あらゆる差別問題に取り組むことが宗教者としての使命であることが確認されたのである。」反面教師ではありましたが、宗教者及び教団が、多様な差別問題に向き合い、自己変革、教団改革をする契機となりました。期せずしてWCRPが提供した宗教者による「差別」を象徴する歴史の一幕でした。

最後に、これまで述べてきた日・中・韓の和解を妨げる「差別」や「偏見」の根底にある、日本人の歴史的な「アジア認識」、「差別」や「偏見」の共通点を基に、「差別」を乗り越えるための留意点と処方箋について、不十分ではありますが短く、提言を試みたいと思います。

「差別」と「偏見」を乗り越えるために

第一に「差別」と「偏見」が社会の仕組みとしてどのように作りだされ、機能しているか、その原因を究明することが重要です。スコットランドの作家、戯曲家であるジョン・ホッジは、「差別とは、ある特定の社会的集団が、他の人間集団を何らかの人工的な区分をもとにして、統制しようとする「信念」と「行動」のことである」と定義しています。人間は当然のことながら、いずれも均質でありません。人種、性、民族、身分、出自（家柄）、国籍、宗教などの人工的な区分けにより、各々が他にはない特性を持っています。人間の集団間に差異があることだけから差別は生まれません。キリスト教では、人間の多様性を神の創造された被造物の多様性として祝福する伝統があります。人間の諸集団が一様ではなく、多様であるという差異の認識は反面、「祝福」だけでなく、それらの間に「優れた」集団と「劣った」集団があるという、価値区分を生み出すことも事実です。集団の優劣の判断は非常に恣意的で、この価値区分は「偏見」と呼ばれます。通常、社会を統制している多数者のイデオロギーや価値観が「優」とされ、それ以外の周縁的少数者や下位の集団が「劣」とされるのです。このような「偏見」が、個人の心の内部に留まる程度ならば、深刻な抑圧は生まれないかもしれません。しかし、ある「優秀」な集団が、「劣等」な集団を規制することが意図され、社会システムへまとめ上げられる時、それは「差別」として暴力的な姿を現すのです。「差別」とは支配的集団が他者を統制し、排除するとき登場するのです。近代日本及び日本人のアジア認識はまさに、他のアジア人への「優越感情」と「人種」としての同一性を内包しながら日本人の差別意識の根底を形成したのでした。

第二に、「差別」に対する宗教者の態度に関連しての留意点と、その「差別」を克服する手立てへの提案です。

差別問題に対する宗教教団の取り組みを躊躇させる要因として、面倒なことに関わりたくないという自己防衛本能が働くことが挙げられます。大多数の宗教は、その教えや教義の中で平等思想を唱えています。「人はみな神の子あるいは仏の子であり、人類はみな兄弟姉妹で、同胞である」と説かれます。この思想に反対する信仰者はほとんどいません。しかしこの思想を実践し具現化する働きは、不平等な社会秩序を転換させる革命的な行動に結びつきます。信仰者の平等思想は自明のこととなりすぎると、何の感動もなく言葉だけの理解にとどまってしまうのです。ですから頭の中では、自分は人を差別していないと思っているのですが、そのことが逆に社会における差別の現実を「見えない」ものにし、差別を固定化してしまうのです。差別されている人々に無関心になるのは、信心の厚い人や「聖職者」にも見られる現象です。さらに、宗教団体が差別問題に関わる場合でも、上から目線の温情的態度に陥りがちなのもそのためです。自分は救われた者としての立場から、「差別」問題に関わるのは危険なことです。一段高いところから低い者に向かって恩恵を施すという行為になってしまうからです。このような関わり方の危険性は「差別」

を受けている人々の主体性を失わせ、依存的にさせる作用を伴います。被差別者を、自分を含めて大多数の者が位置している高い社会に引き上げようとする試みは、多くの宗教者の「善意」として行なわれてきました。「地獄への道は善意で敷き詰められている」(The road to hell is paved with good intentions)ということわざがありますが、同情的あるいは恩恵的な態度には注意が必要です。上から目線の同情に基づく関わりは、差別されている人の自立を奪う働きをし、「差別」を更に助長することに繋がります。宗教者が「差別」を克服する手立ての一つは、各宗教に内在する平等思想を具現化することです。そのためには差別を克服する「現場」が必要であり、その「現場」を他の宗教者や市民団体等と協力して、被差別者の自主性と連携して進めることが大切です。

第三の提案は、「差別」や「偏見」の原因となる「恐れ」や「誤解」の克服への方策です。昨年、二〇一六年に開催された、第七回セミナーの第三セッションの主題は、「人と人とのつながりと平和共同体」の構築でした。日本からの発題応答者である村上泰教師は、WCRP主催の日韓青年交流の二六年間を振り返り、一九九一年に最初に韓国を訪問した事例を紹介しています。当時は、日本側参加者が韓国側参加者から謝罪を求められ、日本の青年を代表して、宗教者として懺悔をする場面などがあったことを報告しています。しかし現在は、忌憚のない意見交換が日・韓の青年の間で交わされ、お互いが友情を確認できる場になっているとのことです。和解を妨げる「差別」や「偏見」の克服が、日・韓青年の出会いと交流を通して実現していることが分かります。過日、私の勤める大学で、講演にお招きした国際政治学者の李 鍾元《リージョンウォン》氏から、出会いと交流に関して興味深い数字を知りました。内容は独仏関係の青年交流に関してです。ヨーロッパ統合を牽引したのは独仏関係ですが、その礎となったのが一九六三年の独仏協力条約（エリゼ条約）です。独仏の和解を促進するために、様々な事業が展開されました。その中で最も成功したといわれるのが青少年交流事業です。一三歳から三〇歳までの若い世代の交流プログラムです。二〇一三年がエリゼ条約五〇周年ということで、報告書が出されました。報告書によると、この青少年交流事業に参加した人が五〇年間で八〇〇万人ということでした。年間で一六万人の若者が相手国に一定期間滞在しながら、直接交流を体験した訳です。独仏の各界の指導層はほとんどが参加の経験があるそうです。大きな数字です。ドイツとフランスの人口は合計で約一億五〇〇〇万人ぐらいです。日本と韓国の人口を合わせると、約一億七〇〇〇万人でほぼ同じ規模になります。人口比でいうと、日韓の間で年間一六万人の若者が交流をする計算になります。日韓でこれが実現すると、日韓関係や相互の認識も大きく変わるでしょう。さらに、中国を加えると、人口の合計は一五億を超え、一〇倍の年間一六〇万人の交流になります。遠大な目標ですが、確実に「差別」や「偏見」の消滅につながる道だと思います。

「人と人とのつながりと平和共同体」はＩＰＣＲ国際セミナーの原点です。セミナーの参加者は、議論を通して平和の尊さや共同体構築の重要性を認識し、参加者の見識と叡智に深い感動を覚えることがあります。しかしそれと同時に、またそれ以上に大切なのは、東アジアに住み、同時代を生きる参加者が出会い、「人と人とのつながり」を構築し、共感することではないでしょうか。ＩＰＣＲ国際セミナーの意義は一人一人の参加者が宗教を異にし、国籍を異にする「異質な他者」と出会い、「人と人とのつながり」を確認し、「差別」や「偏見」を乗り越える者に変えられていくことだと思います。本セミナーを通して「異質な他者」との出会いと交流が続くことを心から願っています。

ご静聴ありがとうございました。

「和解をめざして——アジアに対する日本人の差別の根底にあるものと宗教——」に対するコメント

松井《まつい》ケティ

山本俊正先生は歴史も取り入れ、わかりやすく、アジアに対する日本人の差別の根底にあるものを紹介してくださいました。歴史の流れの中で、日本人の隣国に対する考えや感情など、客観的に書いてある歴史の本からは読み取れない心情を表してくれました。また、アジアで行った日本の動きに反応した欧州列強の行動が、深くのちの日本の行動に影響があったことを述べられました。様々な出来事について、私たちは見えている氷山の一角の部分をすべての情況であると思いがちであるが、真実はほとんど見えない部分に隠されているものです。そこが物事の根底であるのだから、その根っこの部分を明らかにしないかぎり和解へのプロセスは始まらないと思います。和解を目指すには時間をかけたプロセスが必要であります。それは、真実を明らかにすること、加害者による誠実な謝罪、共感する努力、人権を守ること、排他的ではなく包括的な社会を築くことであると考えます。そのプロセスにそって山本先生は論じていると感じました。

そして、近代以降の日本につづく沖縄の人々、アイヌ、在日コリアン、被差別部落の人々に対する差別の歴史的背景を紹介してくれました。これらの事実にも向き合う必要があります。その歴史的背景の中に宗教もかかわってきたことを知るのも重要です。山本先生が述べられたように、二〇一五年の本セミナーで発題応答者であった中野重哉師が曹洞宗の歴史の中で差別行為を行ってきたことを紹介してくださり、その際、宗教者として自分の宗教がなしてきたことを検証し、反省すべき点は反省し、改善に導く過程も重要であると指摘してくださいました。また、山本先生もご紹介くださったように、キリスト教も、他の宗教も歴史を振り返り、過去に行った差別行為や侵略行為を反省し、貴重な宗教の教えから脱線したことなども反省し、宗教者の道へ戻ることも重要です。先に紹介した曹洞宗は反省するだけではなく、正しい道に戻すために現在何ができるか、未来へどうつなげていくか考え活動をしました。カトリックも十字軍が中世に西ヨーロッパのキリスト教、主にカトリック教会の諸国が、聖地エルサレムをイスラム教諸国から奪還しました。ローマ教皇ヨハネ・パウロ二世の長年の教皇職の中で、一〇〇件以上のカトリック教会が起こした罪（十字軍によるムスリム（イスラーム教徒）への虐殺を含む）に対して謝罪しました。じつは、ヨハネ・パウロ二世は教皇に任命される前から、ポーランドの司教の時代にドイツの司教へ和解の手紙を送るなどの活動に励んでいたのです。また、国家が行った謝罪の例としては、二〇〇八年二月一三日、オーストラリアのケビン・ラッド首相が先住民族のアボリジニに対する謝罪演説がありました。人類史上最古の文化を継承し続けている先住民族アボリジニをたたえる言葉からはじまり、先住民族に与えた過去の数々の加害を反省したのです。謝罪は謙遜的な行為であり、平和な社会を築くには必要な行為です。

最後に「差別」と「偏見」を乗り越えるために、私たちは何をする必要があるかを述べてくださいました。私はまったく山本先生の思いに共感いたします。第一にはまず、「差別」と「偏見」が社会の仕組みとしてどのように作りだされ、機能しているか、その原因を究明することが重要だと述べられています。第二に、「差別」に対する宗教者の態度についての留意点とその「差別」を克服する手立てを考えられ、差別や偏見の仕組みや原因を丁寧に説明してくださいました。そして、第三に「差別」や「偏見」の原因となる「恐れ」や「誤解」の克服への方策を提案してくださいました。色々と事例を挙げてくださった中、第七回セミナーの第三セッションの主題「人と人とのつながりと平和共同体」で日本からの発題応答者である村上泰教師の発表のなかで、世界宗教者平和会議（ＷＣＲＰ）主催の日韓青年交流の二六年間を振り返り、一九九一年に最初に韓国を訪問した事例を紹介して、忌憚のない意見交換が日・韓の青年の間でなされ、お互いが友情を確認できる場の大切さを訴えてくださいました。和解を妨げる「差別」や「偏見」の克服が、日・韓青年の出会いと交流を通して実現されている事例を紹介してくださったのです。「人と人とのつながりと平和共同体」における平和構築の有効性を調べる集団間接触理論の研究では、異なる集団の接触によって互いの多様性をみとめ、集団間認知が良くなる結果が立証されています。

この「人と人とのつながりと平和共同体」を構築することによって、互いに共感することができると提案してくださいました。そのような場を与えてくれるのがＩＰＣＲ国際セミナーであり、一人一人の参加者が宗教を異にし、国籍を異にする「異質な他者」と出会い、「人と人とのつながり」を確認し、「差別」や「偏見」を乗り越える者に変えられていくことだと思います。

「和解をめざして――アジアに対する日本人の差別の根底にあるものと宗教――」に対するコメント

正覚《ジョンガク》

一、「開かれた民族主義」の落とし穴

山本俊正先生は、「近代日本人のアジア認識」に触れながら、明治初期の脱亜入欧という主張に内在する侵略と連帯という二律背反的な構造の持っている盲点を分析されました。また、それに対する代案として、戦前の大東亜共栄圏の思想を克服すべきであると主張され、また韓・中・日三国は自民族中心主義から「開かれた民族主義」に進んでいくべきであると提示した朴光洙《パククァンス》先生の見解を引用されました。

先生のご意見に共感致しております。しかし民族主義は、中世キリスト教に基づいて形

成された普遍主義的世界の解体を通じて産み出されました。すなわち民族主義は、地域国家への再編成が行なわれる中、近代に出現した脱普遍的世界観を指しており、資本主義に基づいた国民国家（nation state）の形成と関係する概念と理解されます。また民族主義は、資本主義に内在する不平等によって生じる内的な亀裂を縫い合わせようとする統合的なイデオロギーとして登場したシステムであるということができます。

第二次世界大戦後、失望したヨーロッパの知識人たちによって生まれた反省と後悔の哲学は、無宗教・無国家を主張するジョン・レノン（John Lennon）の『イマジン』（*Imagine*）という曲を誕生させました。民族主義という単語は、国家（nation）に基づいた国家主義（nationalism）の宿命を抱いています。また世界主義は、中世キリスト教に基づいた全世界的な（world-wide）エキュメニカル（Ecumenical）的な普遍主義世界観がその基盤を成していることを考慮に入れれば、「開かれた民族主義」という表現は、他の用語に代替した方が良いのではないかと思われます。

二、宗教覇権主義から多元主義への認識転換

山本先生は、「日本の差別と宗教の関係」に言及する中で、沖縄、アイヌ、在日韓国／朝鮮、被差別部落の人々を例として挙げ、彼らに解放を与えるべき宗教が、むしろ支配層と結託し、抑圧と差別を正当化する道具として利用されてきた実態を指摘されました。非常に共感できる内容であると思います。

それにも関わらず、排他主義（exclusivism）と包括主義（inclucivism）は、今の時代にも、差別をもたらす宗教覇権主義的な認識の下で横行しています。「一つの地域の宗教は、その地域の統治者が決める」（cuis regio, eius religio）という一五五五年の「アウグスブルク（Augsburg）宗教和議」は、依然として有効に影響力を保っているにも関わらず、各宗教は覇権（hegemony）を掌握するために努めています。このような問題は、宗教多元主義（pluralism）的な認識を通じてのみ解決されうると思われます。

三、ミネルヴァ（Minerva）のフクロウとなって

一方、「「差別」と「偏見」を乗り越えるために」という節では、差別は偏見から由来する優劣の判断であるとおっしゃいながら、宗教は自己防御の本能から抜け出し、宗教の中に内在する平等思想を具体化していくべきであると指摘されました。特に、差別と偏見の原因となる恐怖と誤解を克服するために、「エリゼ条約」（Elysée Treaty）の一環として展開されてきた青少年交流事業を具体的な事例として挙げながら、韓・中・日三国間の交流事業を行なうことを一つの解決策として提示して下さいました。これは、実現可能な現実的な方案であると思われます。

ヘーゲル（F. Hegel）は、「哲学が理性の灰色に灰色を塗り重ねる時」を認識しながら、時代的な憂慮を示したことがあります。「それでも、ミネルヴァのフクロウは黄昏に飛び立つ」と指摘しながら、哲学を自ら規定すると同時に、絶対精神としての世界精神の登場を待ち望んでいたのです。

時代的な憂慮の中で自己没落の道を歩んでいく時、黄昏になってはじめて飛び立つ時代の認識者としての「ミネルヴァのフクロウ」のように、時代精神の勃興を見守ることによって、私たち宗教者も目覚めることができるのではないかと思います。

（翻訳・金 永完）

「和解をめざして——アジアに対する日本人の差別の根底にあるものと宗教——」に対するコメント

林《イム》　炯眞《ヒョンジン》

山本俊正先生の文章を有難く読ませて頂きました。先生の素晴らしい文章のおかげで、多くのご教示と特別なインスピレーションを頂くことができました。東北アジアは、長期間にわたって歴史を共有してきており、思想的・文化的な同質性も多く持っているからこそ、和解と平和の問題は、とても取り扱いにくいテーマなのであります。このような難しいテーマを賢明に紐解いて下さった山本先生にお礼を申し上げます。

歴史的に、東北アジア地域は時間と空間を共有してきました。東北アジアには、軍事的な緊張が常在しており、またこの地域は、経済的利益をめぐって熾烈に競争してきた地域でもあります。そのため、衝突と対立、そして競争関係が続いてきましたが、現在は共生と共栄を求めるべきであり、これ以上の対立は共倒れを促すばかりであります。このような状況の下で、まず必要なのは、皆で共有できる認識を合致させることです。すなわち、和解のためには、過去の歴史問題を避けることはできません。特に山本先生は、日本の立場から日本のアジア認識における虚構性を指摘しながら、むしろそれがトラウマとなって共同体の構築を妨げていると告白しておられます。

私もそれに共感致します。近代における日本のアジア認識には、間違いなく「侵略」と「連帯」という二つの側面が存在しますが、その中でアジア人の心により強く刻印されているのは、侵略という側面であると思います。去る二〇世紀の歴史が、それを如実に証明しています。この地域に住む人々の日本に対する否定的認識が残っている限り、健全なアジア共同体を建設するのは難しいと思われます。特に、日本がアジアにおいて指導的な役割を果たす国になるためにも、このような否定的認識は一刻も早く払拭されなければなりません。

二一世紀は、侵略ではなく、連帯にその重点が置かれる時代でなければなりません。現実的に、大東亜共栄圏というトラウマは、確かに大きな障害物です。従って、これに対する徹底した自己否定が前提とならなければなりません。すなわち、過去の歴史に対する真正な謝罪と反省が必要であるということです。ここは政治的な問題について議論する場ではありませんが、宗教者は、先頭に立って模範を示すのが望ましいと思います。謝罪は、謝る人の立場に立って行なってはなりません。謝罪は、それを受け入れる人の立場で受け入れられたときに完成するのです。従って、過去において日本がアジアに対して持っていた優越意識に由来する侵略行為に対し、徹底した反省と省察が必要であると思います。

これは、大同主義や開かれた民族主義のような空虚な修辞よりも、一層現実的なアプローチでありましょう。真の反省と省察がなければ、次の段階に進むことはできません。私たち宗教者は、このためにどのような役割を果たせば良いのかを悩むべきです。宗教者に与えられた役割と課題は、数多くあると思います。山本先生のご指摘通り、差別と偏見を乗り越える方法を一緒に工夫すれば、無数のアイデアが出てくると思います。その一つとして提示された韓・中・日三国における青少年交流は、今でもすぐ実践できる方法論であります。いや、韓・中・日三国の青少年たちは、互いを理解するための交流を既に多く行なっています。彼らの交流・協力に宗教者たちが少し支援するだけでも、やがて東北アジア共同体という理想は実現するでありましょう。

（翻訳・金 永完）

第三セッション

朝鮮半島の平和増進に向かって（韓国）

朝鮮半島平和体制の意味とその展望

金《キム》　学載《ハクゼ》

一、アジア・パラドックスと板門店停戦体制(1)

脱冷戦・民主化・グローバル化の時代と定義される今日、アジアにおける国際秩序は、まるで欧州連合（ＥＵ）や北大西洋条約機構（ＮＡＴＯ）のような地域共同の政治・経済・安全保障体制が構築される以前の状態、すなわち攻撃的な民族主義によって国家間競争や敵対関係が強化されていた一九世紀後半のヨーロッパ的秩序に類似するように見える。実際に、アジアには共同の安全保障機構や常設の国際機構がないか、あるとしても極めて弱い。この反面、解決し難い摩擦や敵対的な様相は、不断に作り出されている。

二〇〇八年の金融危機以来、世界の覇権秩序に変化が生じ、中国が浮上することによって、東アジアでは米中間の権力競争が深化してきた。米国のトランプ大統領は米国優先主義（America First）路線を明らかにし、中国との間で利害関係の衝突が生じた際には、自国の国益のために摩擦も辞さないという態度を示している。これに対し中国は、アジア周辺国との交流を深化させ、相互依存度を高めるために「一帯一路」事業を推進すると同時に、国内的には安定的な経済成長を図るための努力を続けている。その中で韓国と北朝鮮との関係は、天安艦《チョンアンハム》撃沈事件や延坪島《ヨンピョンド》砲撃事件以降一層悪化しており、北朝鮮の核開発は東北アジアに地政学的な緊張をもたらすもう一つの要素となっている。韓国にはＴＨＡＡＤ《サード》（終末高高度防衛ミサイル）が配置され、朝鮮半島がもう一度米中間摩擦の中心となりつつあり、アジアの主要諸国は再び軍備競争に熱を上げている。アジアには、なぜ平和と共同繁栄のための協力体制が制度化されないのであろうか。また北大西洋条約機構や欧州連合のように、地域のレベルで矛盾を仲裁し共同・協力を導くような組織は、なぜ存在しないのか[2]。

この問いは、いわゆる「アジア・パラドックス」、すなわち経済的には極めて大きな規模と密度で協力と交易を行なっている東アジア諸国は、なぜこの地域の規模に相応しい制度や機構を持っていないのかという問題を狙っているものである。換言すれば、相互協力と議論を通じて決定する制度と機構なしに、まるで一九世紀のヨーロッパの諸民族国家のように相互に競争し、戦争と軍事的な衝突の脅威を抱えている東アジアの矛盾した現状に対する批判なのである。[3] 地域安全保障の構造に関するヨーロッパとアジアの劇的な相違は、一種の「経験的な謎」[4]で、これは多くの学者の研究対象となっているだけではなく、政治・外交に関する議論の際にも重要なテーマとなっている。[5]

六〇余年が経っても平和体制に転換されないままになっている朝鮮戦争の停戦体制は、それ自体「アジア・パラドックス」の最も顕著な物的証拠の一つである。政治会談や平和協議によっても解決されていない戦争状態と、相手の存在を憲法的に否定し軍事的に敵対し合っている二つの政治体制が、絡み合っているのである。この敵対的な停戦体制は、周辺の権力バランスの変化によって一層不安定になることもあれば、逆に分断体制それ自体が地域安全保障秩序を不安定にする原因になることもある。

この点で、朝鮮半島は「冷戦の博物館」と呼ばれている。なぜならば停戦体制以外にも、東アジアで武装化が最も進んでいる「非武装地帯」(DMZ)、韓国と北朝鮮が持っている大規模な地上軍とそれに伴う強制徴兵制、停戦協議(armistice negotiation)が行なわれた板門店、そして国連軍司令部のような冷戦時代の歴史的な遺物が、停戦後六〇余年が経った現在までも存続しているからである。(6) 戦争状態だけではなく、冷戦的な敵対関係が六〇年以上も続いているのは、歴史的にごく稀な現象であると言わざるを得ない。

筆者は、六〇年間以上も戦争をしないまま最も消極的なレベルの平和が制度化されている朝鮮戦争の停戦体制を「板門店体制」と名づけ、完全な平和協定と東アジアレベルでの平和体制に進んでいくことのできない歴史的な起源について研究してきた。「板門店体制」は、他の地域の平和体制に比べて、何が同じで何が違うのか。ヨーロッパの政治・外交家、哲学者や思想家、宗教者たちは、どのような平和を夢見ていたのであろうか。二〇世紀の冷戦は、既存の平和秩序にどのような変化を来したのであろうか。筆者の分析では、板門店体制は、一七世紀英国の政治哲学者トマス・ホッブズが構想していた平和体制にも及ばず、一八世紀ドイツの哲学者イマヌエル・カントが夢見ていた永久的な平和にも

〈表１〉「板門店体制」の性格に関する比較検討

	カントの企画	ホッブズの企画	板門店体制
平和の類型	永久的な平和、国際法と機構	権力のバランス 国家間平和協約	臨時的な軍事停戦
平和の物理的根拠	国際連邦と超国家的規範	個別国家	軍事同盟
自由主義の性質	個人の理性と啓蒙、表現の自由と代議制	個人の自己防御、国家に権利を譲渡	優越な単一文明、 冷戦的反共 ―自由主義
政治	共和主義、啓蒙哲学	国家の権威―権力の独占	軍事―経済的権力
普遍性	普遍的な永久平和	特殊な国家の平和	特殊な同盟と発展
副作用	処罰的企画 個人崇拝	強者の秩序 臨時的な合意	敵対的な集団意識 差別的な発展主義

出典：金学載『板門店体制の起源―朝鮮戦争と自由主義平和企画―』（フマニタス、ソウル、2015年）。

及ばぬ未完の平和体制である。これらの内容を、一層具体的に比較してみよう（〈表１〉を参照）。

第一に、板門店体制はカントが夢見ていた安定的な永久平和体制でもなく、カントが克服しようとしたホッブズの権力均衡秩序、すなわち国家間の妥協によって締結される不完全な平和協約体制でもない。実は、「板門店体制」は、このような二つの企図の志向するところにも及ばない、現存の秩序の維持に対する周辺強大国の強迫によって六〇有余年ものあいだ続けられてきた不安定で流動的な軍事停戦体制である。

第二に、「板門店体制」は、カント式の国

際連邦体制の権威に基づいた平和体制でもなければ、世界国家の力によって樹立されたホッブズ式の体制でもなく、権威も力も失って普遍性すら深刻に欠如した狭小な冷戦的な軍事同盟体制である。

第三に、「板門店体制」は、個人の自由と代議制の原理に基づいて成立した共和制の産物ではなく、相手の理念が「文明／野蛮」という冷戦的な二分法によって排除された体制、すなわち冷戦的な自由主義と社会主義という体制に両極化した体制である。

第四に、「板門店体制」は、東アジア社会が直面していた脱植民地化や戦後処理の問題などの諸問題を解決せず後回しにした脱政治的な軍事・経済秩序である。朝鮮戦争の際に締結されたサンフランシスコ平和条約（一九五一年九月）において、日本による太平洋戦争と植民支配の被害国である中国・台湾・韓国・北朝鮮は、いずれもこの会議に参加できなかった。太平洋戦争の問題は、朝鮮戦争のために、相互の認定と合意、協商と討論を含む政治的な解決には繋がらなかった。

上記のような「板門店体制」の特徴は、朝鮮戦争を前後にして東アジアにおける冷戦が深化していく中、この地域全体に広まった不安定な権力のバランス状態、あるいは「アジ

〈表2〉 朝鮮戦争・アメリカの東アジア政策・冷戦の制度化(1951年)

対象	争点と国際社会の要求	アメリカの対応とその結果	特徴と位置づけ
中国	新中国政府に対する承認、国連への加入	NSC-34, NSC-41:中国政府を承認しない	政治的な排除、軍事的な対峙
韓国	韓国の休戦と平和的な解決	NSC-95:韓国の脱政治的な軍事停戦	軍事的なバランス、低い政治的な地位
日本	台湾問題と第二次世界大戦の戦後処理	NSC-48, NSC-60:日本と早期に平和協約、防衛同盟を締結	経済的な編入、特殊な軍事同盟

出典:金学載(2015年)、356頁。

ア・パラドックス」の原型と母体となった。すなわち、「板門店体制」は単に朝鮮半島だけの問題ではなく、世界的な規模と東アジアレベルの冷戦との衝突によってつくり出されたものである。これによって、中国と米国、北朝鮮と日本との外交関係は断絶され、中国と台湾、韓国と北朝鮮は分断され、ソ連―中国―北朝鮮 vs. 韓国―日本―米国という亀裂と敵対状態が制度化されてしまった。このように、朝鮮戦争によって残された傷や遺産は、単に朝鮮半島だけの問題ではなく、アジア地域に協力と平和が到来するのを妨げる「アジア・パラドックス」の起源となっているのである。

二、朝鮮半島における平和体制の現状

それでは、このような消極的なレベルにおける平和と敵対を克服するために、どのような活動が行なわれてきたであろうか。一九五三年七月二七日、板門店での停戦協定が妥結して以来、一九五四年にはジュネーブにて政治会談が開催され、朝鮮戦争の完全な終息と政治的協議による統一について議論が行なわれた。しかしこの協議は完全に失敗に終わり、朝鮮半島における統一や平和体制の構築のための国際政治会談は、その後数十年間も開催されなかった。

「板門店体制」は、冷戦初期における極めて厳しい敵対関係を前提とし、単なる戦闘の中止という否定的な意味を持つ停戦が制度化されたものであった。朝鮮半島に初めて変化が訪れてきたのは、国際政治が停戦二〇年後に形成された国際デタントの局面に入ってからである。韓国と北朝鮮との間で秘密合意として締結された『七・四共同宣言』(一九七二年)は、軍事的統一ではなく、平和的統一の原則を提示することによって、一時的ではあ

ったものの、緊張は緩和された。これは、停戦後初めて行なわれた南北会談である。しかし南北間の秘密合意は直ちに破棄され、その後また二〇余年の歳月が過ぎ去った。

米ソ間の冷戦が終焉を告げ、東ヨーロッパの社会主義諸国が民主主義国家へと体制を転換し、長期間にわたって分断されていた東西ドイツが統一された一九八九―九〇年を過ぎると、朝鮮半島にも脱冷戦の変化が訪れてきた。今から三〇年前の一九八七年、民主化運動を経験した韓国政府は、統一と平和を求める国内外からの要求を受け入れ、統一と和解政策を推進し始めた。韓国政府の「北方政策」の産物として生み出された一九九一年の『南北基本合意書』は、世界的な脱冷戦の流れと韓国の民主化に基づいて、最も包括的な外交構想の上に、南北朝鮮関係の改善と統一及び協力のための最も体系的な構想と合意内容を文書化したものである。しかし、不幸にもソ連からの援助が断ち切られ、中国と韓国が外交関係を樹立することによって孤立してしまった北朝鮮は、安全保障と体制の維持のために核開発を本格化し、その時点から、北―米協議では、核廃棄と関係正常化を交換するための協議が行なわれ始めた。南北朝鮮間の交流や和解のジェスチャーは続けられてきてはいるものの、北朝鮮の核問題による危機と緊張状態も依然として続いている。

すると、この問題を一層根本的に解決するために、分断以来最初の南北首脳会談が開催された。この首脳会談の結果として発表された『六・一五南北共同宣言』（二〇〇〇年）では、韓国と北朝鮮の統一への意志が再確認され、かつ大規模な経済協力を制度化することによって、危機は大いに緩和されるようになった。これに鼓舞されて行なわれた「六カ国協議」（二〇〇四年）による『九・一九合意』は、多者主義（多国間体制による協議）的な枠組みによって行なわれたものである。この合議では、非核化の問題をその核心としながらも、東北アジアの平和と安全保障機構の設立を志向する地域的・巨視的な構想が提示されている。二〇〇〇年の『六・一五南北共同宣言』以降、韓国経済がグローバル市場に進出していく中、韓国の現代グループのような強い経済的利害関係を持つ経済的なアクターが重要な役割を果たすようになり、その結果開城工業団地の建設も実現されるに至った。しかし相次いで発生する北朝鮮の核問題は、朝鮮半島を緊張させてきた。それにもかかわらず、二〇〇七年度には、問題解決のための首脳会談がもう一度行なわれ、その結果として『一〇・四南北共同宣言』が導き出された。ここでは、三カ国または四カ国による終戦宣言を通した平和体制の樹立という構想や、「西海平和協力地帯」という追加的な経済協力の構想が提示されている。

しかし二〇〇八年以降、韓国では保守勢力が政権を取るようになったことと北朝鮮の核実験の再開、そして米国の防衛予算の縮小や非介入政策が互いに結びつけられ、それまでの多くの合意は無効と化してしまった。また「天安艦撃沈事件」(二〇一〇年三月二六日)や「延坪島砲撃事件」(二〇一〇年一一月二三日)のような危機が発生し、「天安艦撃沈事件」に対する報復措置として採られた韓国の「五・二四対北朝鮮経済制裁措置」(二〇一〇年)によって、南北朝鮮の関係はまたもや断絶されるに至った。これによって韓国の外交的な力量は一層弱くなり、その結果として韓国は専ら米国との同盟関係に依存せざるを得なくなった。結局、北朝鮮の核開発は、それに対する米国の強硬な対応に直面し、このような対決構図は益々厳しくなっていく「安全保障ジレンマ」の状況に陥らずにはいられなかった。これによって、制度化のレベルや相互認識、緊張の程度は、脱冷戦以前の状態に後退してしまった。さらに「五・二四対北朝鮮経済制裁措置」は、南北間経済協力を中朝間経済協力に転換させる結果を生み出し、これによって、北朝鮮は経済的に中国に一層依存せざるを得なくなった(依存度:八〇—九〇%)。しかし北朝鮮は、中国に極めて強く依存しながらも、中国を完全に信頼することはできなかったため、核開発に一層集中する状況も同時に展開された。

北朝鮮をめぐる朝鮮半島の問題に深く介入していなかった米国政府は、極めて消極的・限定的な制裁措置しか取らなかった。制裁措置という手段をもって対話という目的を達成しようとする積極的な態度は、数年間にわたって示さなかった。北朝鮮に対する国連や米国の制裁が続く中、韓国政府は開城工業団地を閉鎖した。これによって、既に開城工業団地に進出していた韓国の中小企業は莫大な損害を蒙らざるを得なかった。経済的に中国と米国に依存してきた韓国は、北朝鮮の核開発の問題のために、米国との同盟に一層依存するようになった。その結果、韓国は米国からTHAAD配備の圧力を受けると同時に、米国の防衛予算の削減分を相殺するための財政支出を圧迫され、経済的な負担は益々重くなった。一方、中国からは厳しい貿易報復を受けるようになった。

一九九〇―二〇〇〇年代における朝鮮半島の平和構築のための努力は結局失敗し、韓国、米国、中国は、「何も行なわない」という戦略的忍耐と、実際には何の効果もない消極的で象徴的な制裁しか実行しなかった。関係国がそのように振る舞えば振る舞うほど、何の期待も持てないまま強い不信感を抱いていた北朝鮮は一層孤立し、核兵器の開発に専念した。そのため北朝鮮は、些細な緊張状態が発生するだけでも極めて敏感に反応し、攻撃的態度を取って威嚇する事態が反復的に発生した。こうして、一九九四年に米国との対話を通じて議論され、二〇〇五年の『九・一九共同声明』を通じて求められてきた非核化と朝米関係正常化とを相互に交換するという「敷居」は踏み越えられないまま、一〇余年の歳月が経ってしまったのである。韓国は、朝鮮半島問題に大きな関心を寄せないばかりか、この問題を優先的に解決しようともしない中・米・日三国に引きずられ、今後一層厳しくなりうる北朝鮮の核問題をめぐる緊張局面を反復的に経験していくべきか、それとも今でもこの問題を解決し、朝鮮半島や東北アジアの平和に貢献するべきかを、大胆に選択しなければならない時点に立ち至っている。

三、積極的な平和構築と東アジアにおける平和安息年

私たちに必要なのは、他国がやっていることを受動的に模倣し、後から反応するのでは

なく、積極的に物事を主導し、能動的な態度で一層肯定的な平和の構築のために努めていくことである。

〈表３〉　多者主義（多国間体制による協議）の
平和構築のための各国の状況

プーチン	習近平	金正恩
ユーラシア開発 権威主義の強化 支持率の強化	一帯一路 平和な発展 19 次党大会 国防改革 新都市の建設 非核化＋平和協定	５年次核開発 並行発展

文在寅	トランプ	安倍晋三
不平等 民主主義 保守の抵抗 サード 慰安婦	America First 最高の圧迫と関与 対話の可能性 軍備縮小 FTA 再協議	憲法改正 経済的安定 ASEAN

周辺諸国の状況を見ると、表面的には大きな問題があり、緊張状態にあるように見えるが、各国の内部事情を見ると、その原因は国内に存在する。トランプは弾劾問題に追い詰められており、中国の習近平は秋季共産党大会で第二期政権を強める上で国防改革を進め、一帯一路を推進することに全身全霊を傾けている。一方、核開発にある程度は成功したものの、依然として中国への依存度が高く、統治体制を完全に掌握するまでは時間が掛かりそうに見える金正恩体制も、内部的には不安定である。韓国は、史上最大の経済格差と世代間摩擦並びに大統領弾劾という局面を潜《くぐ》り抜け、逆

行していた民主主義を取り戻しつつあるものの、内部的な摩擦のレベルは依然として高い方である。すなわち、表面的な緊張の裏側には、平和的な経済発展に対する東アジア諸国の切実な利害関係が存在するのである。

東北アジアにおいて民主主義の正当性と自信を回復し、新たに政治的・経済的・社会的な力量を発揮しうる韓国の役割は、何よりも重要であると思われる。韓国政府が具体的で精巧な平和計画をもって周辺諸国を説得すれば、周辺諸国はその計画に賛同するであろう。韓国は、植民地支配による被害、戦争による被害並びに冷戦による被害を経験してきた。また、独裁から抜け出して民主主義へと進んだという民主的正当性や、これまで周辺国に被害を与えたことがないという正当性を持っているなど、平和と統一を主導しうる正当性を具えている。重要なのは、政府の力量と決断、そして社会的な支持と行動力なのである。

だからといって、去る一〇年間悪化してきた問題がいっぺんに解決されうるとは限らない。現在、実現可能な目標は、とりあえず緊張を緩和することであるということができる。緊張緩和を実現するためには、毎年反復的に発生する「四月の危機」と、既定の政治スケジュールによって発生する摩擦を事前に予防することから着手すべきである。毎年四月には、韓米合同軍事訓練、北朝鮮の金日成の誕生日と党の創建記念日、韓国の総選挙や大統領選挙などの政治的なスケジュールと、米国の政府予算の審議期間などが重なっているため、この時期になると朝鮮半島における戦争の危機は極度に高まるのである。

毎年繰り返される危機を防ぐためには、二〇一八年四月までの約一年間、緊張状態や危機的状況が発生しないように、ひいては二〇一八年を軍事紛争や危機とは無縁の「東アジア平和安息年」とする合意を導き出す必要がある。韓国社会は、三つのレベルにおいて「春のある国」を希求している。第一に、韓国は、常に北朝鮮の核問題のような外交的、軍事的、地政学的問題によって平和な春を奪われてきた。第二に、韓国は、常に国内政治における摩擦と傷、重要な政治スケジュールと事件・事故によって春を奪われている。第三に、韓国は、ＰＭ二・五（微細なほこり）と黄砂・環境問題によって日常の春を奪われている。

韓国が平和に満ちた春を再び取り戻すためには、まず、日常生活に関わるＰＭ二・五や黄砂の問題について中国や東アジア諸国と協議を行ない、人々が春を思う存分享受できるような平和な環境をつくり出す必要がある。第二に、国内的には、地方選挙が実施される予定にある来年の六月には憲法改正や選挙法改正が行なわれる可能性がある。朝鮮半島における平和体制の構築を妨げる障壁を乗り越えるためには、対立的な構造を平和的対話と協力の政治、そして権力の分散と共有の構造に転換していく内的な平和の改革が必要とされる。第三に、北朝鮮の核実験と軍事訓練及びミサイル発射、米中間摩擦並びに韓日間外交摩擦によって緊張が高まる四月を、紛争のない平和な春に変えていく必要がある。

来年の春を平和な時期に変え、二〇一八年の東アジアを平和に満ちた地域に変えていくためには、韓国政府と市民社会、国際的な宗教間ネットワークなど、すべてのレベルですべての力量を発揮しなければならない。政府、社会、そして宗教は皆、外交関係を結んでいるすべての国家に、朝鮮半島の統一と平和構想を盛り込んだメッセージを定期的に発信しなければならない。

中国を説得しようとするならば、一帯一路を安定的に推進し、北極航路の開発を実現するためには、何よりも北朝鮮の核問題によって拗《こじ》れている朝鮮半島の問題の解決が肝心要であることを、中国に納得させなければならない。米国を説得する際には、米国の軍事支出を減らし、中国との潜在的な軍事衝突を予防するためには、北朝鮮の核問題を解決する必要があり、こうすれば皆に利益になることを伝えなければならない。日本に対しては、平和憲法の改正は国内的な摩擦を惹起してしまい、これによって周辺国の憂慮は高まっていくということを指摘しながら、軍事費を増加させることを抑制し、北朝鮮の核問題の解決を通じて東北アジアの平和を制度化した方が、長期的には日本にとっても、東北アジアにとっても利益になることを説得しなければならない。平和に満ちた朝鮮半島と東アジアは、米国や中国はもちろん、南北朝鮮や日本にも利益になるのである。

その際に必要なのは、まさに「東アジアの平和配当論」(Peace Dividend)である。この概念は、もともと冷戦終結後の一九九〇年代に、米国と英国が、「冷戦はもう終わったから、国防予算の削減を通じて平和な時代の経済的な利益を享受しよう」と主張したことに由来する。それでは、東アジアは冷戦が終わったにもかかわらず、なぜ平和の果実を味わえないのか。東アジアでは、一体どの位の費用が、軍拡競争や紛争のために浪費されているのか。東アジアに平和が訪れ、高いレベルの平和が安定的に維持されれば、どのくらい大きな経済的・社会的な利益が発生するであろうか。また文化的・精神的にも豊かになるであろうか。朝鮮半島に平和が訪れて来れば、長期的には現在の緊張と紛争、危機の代わりに経済成長と軍備縮小が行なわれ、一層平和な社会が実現されるであろう。

四、非核化と平和プロセス

二〇一八年が東アジアにおける平和の年になるためには、何よりも北朝鮮の核問題が必ず解決されねばならない。だとすれば、まず北朝鮮が核兵器を開発する理由を理解する必要がある。これには四つの原因がある。第一は、安全保障に対する不安である。ソ連を含む社会主義陣営が提供する安全保障に不安を感じたとき、北朝鮮は核開発を始めた。第二は、中国との関係である。朝中関係が悪くなればなるほど、それに従って核開発も推し進められた。第三は、韓国との経済格差である。経済格差が大きくなればなるほど、北朝鮮は核開発を加速化させた。第四は、停戦体制と米国の脅威である。朝鮮戦争は、公式的にはまだ終わっておらず、米国との外交関係も正常化していない。このような状況の下で、米国から定期的に投げかけられる脅威が大きくなればなるほど、北朝鮮は核開発に力を注ぐことになるのである。

それでは、北朝鮮の核開発は、どのような条件の下で凍結され、また非核化の状態を取り戻すことができるのであろうか。[7] 第一に、北朝鮮が自ら抑止力を持つようになればなるほど、核開発に全力を尽くすようなことはなくなるだろう。ＩＣＢＭ（大陸間弾道ミサイル）や潜水艦ミサイル発射能力がそれである。第二に、中国との関係が一層良くなって不安な心理が解消されればされるほど、核開発を中止する可能性は高くなる。しかし、最近の朝中関係はあまり良くないというのが専門家たちの意見であり、その背景には中国に対する米国と国際社会からの圧力がある。中国は、北朝鮮が改革・開放を安定的に行なうように支援する可能性がある。しかし、北朝鮮の中国への依存度は極めて高い（八〇―九〇％）ため、国際社会からも多くの支援を受けようとするかも知れない。第三に、北朝鮮が速やかに経済発展を成就できるように技術や社会発展のノウハウを支援すれば、北朝鮮と韓国との経済格差はある程度縮められ、その結果、北朝鮮は核開発よりも経済成長を優先的な目標とするであろう。第四に、韓国が米国を説得し、状況を理解させ、軍事訓練を自制するよう要求すれば、脅威に満ちた環境が平和な環境に改善され得るであろう。北朝鮮が短期間に一層高度化した核技術を確保したことが明らかになった現時点において、朝鮮半島の非核化を実現したいならば、活用可能なすべての手段を用いて、北朝鮮が核開発を止めるようにしなければならない。

それでは、最も現実的な方策は何であろうか。北朝鮮の核開発を容認すれば、問題は一層深刻になり、その結果、事態を回復するためには多大な努力、時間、費用が必要となるであろう。北朝鮮が中国にしか依存できなければ、北朝鮮の不安感は一層大きくなるであろう。今、北朝鮮が望んでいるのは、核兵器の廃棄の代価としての体制の保障と経済発展なのである(8)。

だとすれば、北朝鮮の体制の保障を意味する平和協定の締結と朝米関係正常化、そして経済発展のための交流・協力こそ、非核化を実現させ得る唯一の解決方法であると言わなければならない。重要なのは、長期的で精巧なロードマップをつくり、南北朝鮮だけでなく、中国と米国、ひいては東アジア諸国が皆信頼できる外交的な合意と手続きを提供することである。私たちは、(一)非核化、(二)平和体制、(三)経済開発という三つのプログラムを並行しながら、精巧なロードマップに従って問題の解決に臨まなければならない。今後二、三年間は北朝鮮の核開発の凍結を目標に、緊張緩和と平和共存、そして多者主義

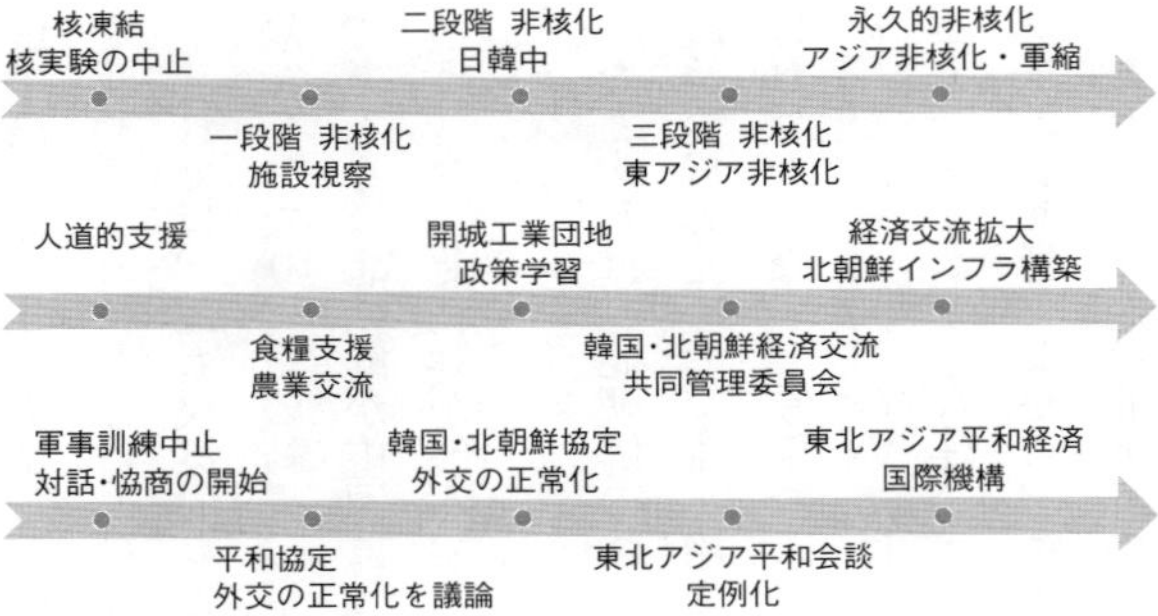

積極的な平和構築のための5段階ロードマップ

（多国間体制による協議）と交流・協力のチャンネルを制度化しなければならない。その後の五年間は、核凍結を非核化プロセスに転換するために多者主義（多国間体制による協議）や交流・協力を一層拡大していく。さらにその後五年間は、朝鮮半島の非核化を完了させ、東北アジアの軍備縮小に向けて進んでいくと同時に、北朝鮮の完全な体制保障のための四カ国協議または六カ国協議による「東北アジア平和協定」（南北平和協定、朝米関係正常化、朝日関係正常化を含む）を一括妥結するのである。私たちは、このような多難で長い過程を通り抜けていくために、もう一度皆の知恵と念願を結集しなければならない。

註

（1）この部分は発表者の著書『板門店体制の起源――朝鮮戦争と自由主義平和企画――』（フマニタス、ソウル、二〇一五年）の序論や結論の内容を修正・補足したものである。
（2）John S. Duffield, "Why Is There No APTO? Why Is There No OSCAP?: Asia-Pacific Security Institutions in Comparative Perspective," *Contemporary Security Policy*, vol. 22, no. 2(2001), pp. 69-95.
（3）Robert A. Manning, "The Asian Paradox: Toward a New Architecture," *World Policy Journal*, vol.10, no. 3(1993).
（4）Peter J. Katzenstein, *Rethinking Japanese Security: International and external dimensions* (Routledge, 2008), p. 186.
（5）最近、アジア地域レベルの国際機構が増加し、協力がなされており、大きな変化がもたらされたにもかかわらず、地域全体を網羅する安全保障協力機構の制度化は依然として低いレベルにとどまっている。Stephan Haggard, "The Organizational Architecture of the Asia-Pacific: Insights from the New Institutionalism," Miles Kahler and Andrew MacIntyre eds., *Integrating Regions: Asia in Comparative Context* (Stanford University Press, 2013), pp. 195-221.
（6）Bruce Cumings, The Korean War: A History (Modern Library, 2010), pp. 223-30.
（7）中国の核兵器開発の歴史を振り返ると、いくつの事例が見られる。中国は一九六四年に最初の核実験を行なったが、核兵器統制政策に積極的に参加するようになったのは一九八〇年代に入ってからである。中国の核兵器関連政策が変化した原因は、まず、自国の核兵器の能力が基本的な核抑止力を確保したと判断したからであり、米中和解以降には改革・開放政策が本格化し、国家の戦略的目標が経済発展に転換されたからである。イ・ギヒョンほか『中国の周辺外交戦略と対北朝戦政策』（二〇一五年）。
（8）ナム・ムンヒ記者の取材によると、四月頃、北朝鮮は中国とコンタクトを取り、核兵器を段階的に廃棄する条件として中、米、日、露、及び韓国に大規模な援助（一〇年を期限に毎年五〇〇―六〇〇億ドル規模の無償援助）と支援を要求したという（「朝鮮半島における四月の危機説はどうやって過ぎたのか」『シサイン』二〇一七年五月三一日付）。

（翻訳・金 永完）

「朝鮮半島平和体制の意味とその展望」に対するコメント

山本俊正《やまもととしまさ》

金学載《キムハクゼ》先生の大変示唆に富むご発表、ありがとうございました。本来ならば日本側からの応答、コメントは眞田芳憲先生の予定なのですが、急に体調をくずされ、ご欠席ですので、急遽、私がピンチヒッターとして応答させていただきます。準備不足のコメントや質問になるかと思いますが、どうぞお許しください。

最初のコメントと質問は、「アジア・パラドックスと板門店停戦体制」についてです。金先生がご指摘のように、現在、東北アジアには平和と共同繁栄のための協力体制が制度化されていません。東南アジアにはＡＳＥＡＮ（東南アジア諸国連合）やアジア地域フォーラム（ARF）などが存在していますが、東北アジアには同様な機構がありません。安全保障に関しても、米国、中国、ロシアという大国を中心とした二国間軍事同盟はありますが、多国間の安全保障の枠組みは存在していません。六者協議は長い間、休眠中です。一方近年、東北アジアは、世界で最も高い経済成長を達成し、域内の経済は相互に強く結びついています。東アジアはお互いをかけがえのない経済のパートナーとしているのが現状です。しかし、他方では、近代以来の歴史的経緯から深刻な分断が続き、冷戦状況が残る中、相互信頼は非常に弱い、と言えます。朝鮮民主主義人民共和国（以降、北朝鮮）と日本の国交は正常化されておらず、南北朝鮮の統一は進展していません。また過去の歴史認識の相違に起因するお互いの対立感情は、各国のナショナリズムを刺激し、時として平和を脅かす「危機」として「領土」問題などが眼前に噴出します（竹島、尖閣諸島等をめぐる領土問題）。

東北アジアに多国間の協力体制を制度化した機構がないのは、基本的に朝鮮半島の冷戦状況が続いていることと、各国間の相互信頼が欠如していることに起因していると思われます。「アジア・パラドックス」という表現を最初に使ったのは、韓国の朴槿惠前大統領でしたが、社会、経済の側面では、強い相互依存があり、一体化が進む半面、政治や外交では対立を深める逆説的な構図があることは確かです。こうしたパラドックスをいかに乗り越えるのか、大きな課題だと思います。

「アジア・パラドックス」に関連しては、日中韓の間では、「国籍差」より「世代差」が大きいと言われます。つまり、国籍による違いよりも、各国の国内における世代間の違いがより大きいということです。実際、日中韓の若い世代を見ると、またサブカルチャーの現状を見ると、国籍の区別がつかないほど、外見や日常生活が似ています。日中韓の所得、社会や経済、文化を見ると、同質化が進んでいます。韓国の大企業に勤める新入社員の給与は日本のそれよりも高いと言われます。二〇世紀の後半、中国や韓国の経済成長が進展し、日本との格差は縮まり、部分的には逆転現象も現れました。国家全体の経済力で日中逆転が起きたのは二〇一〇年でした。少なくとも経済的には日本と東北アジアの格差はほとんどなく、同レベルの構造に変わりました。金先生は、「アジア・パラドックス」現象のなかでも、この「国籍差」より「世代差」の違いが大きいということをどのように捉えていらっしゃるでしょうか。

次に、朝鮮戦争の停戦体制を「板門店体制」と呼び、歴史的にも稀な、珍しい現象であることを、その特色や比較検討から明らかにしていただき、感謝いたします。一九五三年七月二七日、板門店で調印された朝鮮戦争の休戦協定は、中国人民志願軍司令、彭徳懐と朝鮮人民軍最高司令官、金日成を一方とし、国連軍総司令官クラークをもう一方として結ばれました。クラークは国連軍加盟一六カ国（米国、韓国、英国、カナダ、オーストラリア、ニュージーランド、フィリピン、タイ、フランス、オランダ、ギリシア、ベルギー、ルクセンブルク、トルコ、エチオピア、コロンビア）を代表していました。現在、北朝鮮は当時の国連軍参加国一六カ国のうち一三カ国と国交を樹立しています。国交がないのは米国、韓国、フランスの三国だけです。韓国とは国交がないとはいえ特殊な経済関係が存在しています。フランスは平壌に貿易事務所を開いています。ですから、この「板門店体制」、平和体制の問題は、究極のところ、朝米間の和解が不可欠な突破口になると思われます。北朝鮮は過去に何度となく、北朝鮮外交の最重要課題が、朝鮮戦争を終結させ、米国との平和体制を構築することであることを表明しています。

今年で休戦から六四年になります。「撃ち方止《や》め」の状態が六四年間も続いています。

冷戦構造が続き、北朝鮮が核武装するという異常な局面を迎えています。ここ数十年間に起きたことを勘案すると、関係国の側に、特に米国やそれに追随する日本に「戦争状態の終結」を進め、国交回復をする政治的意思が、果たして本当に存在しているのかどうか大きな疑問です。米国は北朝鮮の核開発、核武装を阻止しようと、オバマ大統領は「戦略的忍耐」という対北政策をとりました。これは北朝鮮が非核化政策を取らなければ交渉に応じず、制裁を継続強化し、北朝鮮を自滅に追い込む作戦でした。しかし結果的には、北朝鮮は崩壊せず、制裁は効果なく、オバマ政権時代に北朝鮮は四回核実験をしています。トランプ政権のティラーソン新国務長官が、くりかえし、米国政府の「二〇年間の努力は失敗に終わった」と言ったのは、間違いではありませんでした。トランプ大統領は、中国に対して、北朝鮮への圧力を高めよと強く主張しています。そして「すべての選択肢がテーブルの上にある」と述べて、軍事的なオプションで、北朝鮮を威嚇しています。シリアの空軍基地への米海軍軍艦船からの巡航ミサイルの発射は明らかに北朝鮮への威嚇でした。しかし、軍事的なオプションはあまりに危険であり、米国民からの支持も得られないと思われます。

金先生は、トランプ政権の今後の対北政策をどのように予測されるでしょうか。「積極的平和構築と東アジアにおける平和安息年」の議論のところでも、各国の状況に触れていますが、キープレイヤーの米国の政策が対話の方向に進む可能性が高いのかどうか知りたいところです。

最後に、新しく韓国の大統領となった文在寅《ムンジェイン》政権の対北政策についてお聞きしたいと思います。今年一月、開城工業団地閉鎖から一年を機に韓国の国会がギャラップに依頼した世論調査では、条件つきが六〇％、無条件が二〇％、全体で八〇％くらいの人が南北対話を支持しているという調査結果が出ています。選挙前の別の調査でも、次期政権の対北朝鮮政策の基調として、六八％の人が「平和的関係」を支持すると回答しています。文在寅大統領が誕生した背景には、対話路線を支持する世論が多数あったことが確認されています。

日本では、北朝鮮のミサイル実験があると地下鉄が止まり、「Ｊアラート」という政府からの警戒警報が発せられたら、どのように行動すべきかが、公共放送で流されたり、北朝鮮の挑発行動には武力を備えて対抗すべきだという声は聞こえても、「平和的な対話による交渉」を唱える人はあまりいません。先日、私の友人が韓国に行き、韓国の人に、

「北朝鮮であれほど頻繁にミサイル実験が行なわれ、怖くないですか」と聞いたところ、「いや、私たちは慣れていますから平気です。ミサイルよりも安倍首相の発言の方が怖いです」と言われたそうです。確かに安倍晋三首相は、米国空母カールビンソンの日本海への派遣にさいして、海上自衛隊護衛艦に集団的自衛権に基づく米空母との共同訓練、さらには護衛艦に米艦防護の行動を指示しています。日本政府は、米国が北朝鮮への軍事行動に踏み切るさいには事前協議をするように要請し、米側も応じると回答したと報道されています。着々と北朝鮮への軍事行動、戦争の準備がなされていることをアピールしているようにも見えます。米海軍の対北朝鮮威嚇の行動を支持し、それに協力する自衛隊の行動を促す、安倍首相の政策は、明らかに、国際紛争の解決の手段として武力の行使ないし威嚇を用いないとした日本国憲法九条一項違反です。それればかりではなく、安倍首相や日本政府から、北朝鮮による軍事的危機を扇動する発言があっても、「対話」による平和解決という言葉や熱意を感じることはほとんどありません。

北朝鮮危機が偶発的にでも有事となった場合、韓国のみならず日本に甚大な被害をもたらすことは明らかです。現状では、米国からの攻撃は日本海に展開する米海軍の艦船からのミサイル攻撃となることが予測されます。北朝鮮側は反撃に転じ、米第七艦隊の本拠地佐世保と横須賀をミサイル攻撃すると思われます。もちろん海兵隊飛行場の岩国、普天間、さらに空軍基地の嘉手納、横田、三沢も北朝鮮のミサイル攻撃の目標になります。本年三月六日の四発のミサイル同時発射についての北朝鮮中央通信の発表文は、この発射は「不測の事態が起きた場合、日本に駐留する米帝国主義者の敵軍部隊の基地を攻撃する任務にあたる」砲兵部隊が行なったものだと発表しています。戦争がエスカレートすれば、北朝鮮は、従来型の弾頭ミサイルによって、日本海側にある原子力発電所を攻撃することも考えられます。それは原爆を投下したのと同じ効果を持ちます。北朝鮮と海を隔てて向き合っている日本海側にある原発は、新潟県柏崎市にある七基を初めとして、合計二三基に及びます。これらの原発を飛来してくるミサイルから守る手段は現在ありません。北朝鮮からのミサイル発射で地下鉄は止まりますが、停止していた原発の再稼働は各地で始まっています。北朝鮮を軍事的に挑発することは、日本という国の破滅に繋がります。安倍首相は軍事的備えをするのではなく、必要ならば小泉純一郎首相のように訪朝し、トランプ大統領を説得してでも、全力で対話による解決策に取り組むべきだと強く感じます。

「朝鮮半島平和体制の意味とその展望」に対するコメント

金《キム》　泰賢《テヒョン》

韓国人は、韓国が五〇〇〇年の歴史を持っていると信じています。この前提に従えば、朝鮮半島における近代国家は、韓国の歴史全体の五〇分の一、すなわち約一〇〇年の歴史を持っています。民衆によって行なわれた一九一九年の「三・一運動」が、その始まりです。しかしその後、日本帝国主義による植民地支配、分断、戦争、そして軍事独裁によってカント的な企図、ホッブズ的な企図のようなものを受け入れる機会も、それを自発的に実施する機会も奪われてしまいました。

金学載博士のいう「板門店体制」は、カントやホッブズ的な合意、あるいはその他の社会的合意によって国家や共同体をつくり上げる機会が奪われた結果であり、また東アジアにおけるもう一つの「企図」の前に立ちはだかっている障害要素、すなわち「アジア・パラドックス」の原因でもあります。

金学載博士は、朝鮮半島の問題を韓国と北朝鮮または北朝鮮とアメリカの間における摩擦の解決に限らず、アジア共同体のヴィジョンに繋ぎ合わせて考察しています。政治・経済・軍事的な目的に限って活動しているEU（ヨーロッパ連合）やNATO（北大西洋条約機構）とは違って、より自然環境に配慮した、平和的な理想を目指す共同体を構想すれば、民衆からの幅広い支持を得ることができるでしょう。

それにもかかわらず、発表者も指摘された通り、最近では、国際政治が国内政治に影響を及ぼす構造から、国内政治が国際政治に影響を及ぼす構造へと変化しつつあります。関係国は皆、その原因や解決方法を知っていても、問題を実際に解決することはなかなか難しい状況です。

問題解決の中心には北朝鮮があり、北朝鮮の立場から見ると、金先生の主張する核凍結は、まさに核廃棄に他なりません。北朝鮮は、核凍結が外交力の低下に繋がることを既に経験しているため、核凍結を前提にする対話や協力のテーブルには出てこない可能性が高いです。金学載博士の論文には（一）非核化、（二）平和体制、（三）経済開発の並行が提示されましたが、北朝鮮はこれとは違う観点から事態を見ている可能性が高いと思います。この問題については、議論を一層大いに展開する必要があります。

ドイツの場合、統一に至るまで、政府のレベルで「統一」をテーマに対話を行なったことはないようです。むしろ統一の当為性は民間によって提起されてきましたし、交流と協力の分野においても同様でありました。この点で、金先生の論文の志向するところの東北アジア共同体も、平和や危機の克服を目指す「春の訪れる国」、ひいては「東アジアの春」を構築することから始めるべきであるという構想は、既存の方法論に変化を来すことができるでしょう。『六・一五共同宣言』と『一〇・四宣言』は、当事者間の合意であり、その中には、経済共同体がやがて平和共同体に発展していくという内容が含まれています。

今や朝鮮半島の周辺国は、韓国と北朝鮮が東アジア共同体の構築のために積極的に貢献できるように機会を与えなければなりません。また北朝鮮が朝・米平和協定のために尽力している現状を認めると同時に、国際社会は朝・米平和協定に先んじて行なわれうる南北朝鮮平和協定の締結を認めなければなりません。これを推進していく過程において、韓国政府は、平和醸成における民間の力が一層強くなるような措置を採らなければなりません。東北アジア共同体の構築を目指しているならば、韓国政府は、朝鮮半島の平和構想についてのメッセージを国際ネットワークへ発信すると同時に、韓国の民間組織がこの問題の当事者になるようにしなければなりません。南北朝鮮平和協定は、「民間平和協定」であるべきだからです。各自のヴィジョンを皆で共有し、各国政府と力を合わせていけば、民間組織は創造力を大いに発揮でき、それによってより多くの成果がつくり出されるでありましょう。

ヴィジョンを共有・合意して民間組織の活動領域を拡大していくというアプローチは、国内問題が国際問題に一層強い影響力を及ぼしつつある現状の克服にも、大いに役立つと思います。このような合意の下では、韓国の保守的な安全保障イデオロギーも容易に克服でき、日本の右傾化による市民社会の弱体化も克服できるでありましょう。ひいては朝鮮半島に横たわっている非武装地帯（ＤＭＺ）に、世界中で最も完璧な温帯生態公園を造成するという国際的な合意に達することができれば、韓国、北朝鮮、日本、そして中国の民間組織が主軸となって、それを設計し推進していくことも夢見ることができるでしょう。朝鮮半島の平和はもちろん、東北アジアにおける生命平和共同体の構築が成功するためには、金先生のご発表の中で提示されたこと以上に、民間組織の役割は一層強化されなければなりません。

（翻訳・金 永完）

「朝鮮半島平和体制の意味とその展望」に対するコメント

元《ウォン》　益善《イクソン》

「積極的な平和構築のための五段階プロセス」は、示唆するところが極めて多い。東アジアにおける核開発を抑制して非核化へと進む一方、北朝鮮経済の活性化並びに東北アジアにおける平和体制の構築を提案するロードマップは遠大で実用的な計画である。心から深く共感しつつ、その洞察力と慧眼に驚嘆する次第である。良い勉強になり、再び感謝の意を表したい。

何よりも、発表の中で「私たちに必要なのは、他国がやっていることを受動的に模倣し、後から反応するのではなく、積極的に物事を主導し、能動的な態度で一層肯定的な平和の構築のために努めていくことである」という指摘は、事態の本質を正確に把握している。今回の韓米首脳会談も、実はこのような自主的で主体的な平和の構築のための韓国の役割を回復することに、その意義を置くべきであったと思われる。「ろうそく集会」を通じて成立した韓国の新政権は、このような力量を発揮し、政治的な能力を検証される時期を迎えているのである。発表者の議論は、恐らく、ろうそくを手に取って立ち上がったすべての市民の念願とほとんど一致するものであると思われる。

それでは、その積極的で能動的な力は、どこから出てこなければならないのか。私は、これを宗教から見つけ出したいと思う。その理由は、宗教こそ普遍的な哲学を有しているからである。私たちがよく看過している点は、人々が政治に対して期待するのと同じくらいに、宗教に対する期待も大きいという点である。宗教者の人口が減少し、宗教の役割が衰退しているとはいえ、だからといって宗教の役割が衰退しているわけではない。

今の米国政府の政策がどのように変わるかは分かりかねるが、米国・キューバ関係の正常化の裏には、宗教の役割が極めて大きかったことが知られている。それでは、朝鮮半島において、宗教はどのような役割を果たしていくべきなのか。この点について、もっと議論されればよかったかも知れない。

政治と宗教を分離して考える時代は過ぎ去った。人間には野蛮性があるので、それに対する反動として平和を希求する心も強くなるものである。利益と正義は、不条理に対峙しているように見えても、人類は、歴史を通じて、自分の無知を反省しながら平和を構築していこうとする熱望を表してきた。

しかし宗教は、自分の中に内在する限界によって、平和への熱望を大いに反映できていないのも事実である。だからといって、宗教の教義そのものにこのような問題があるとは言えない。平和に対する熱望を歴史に反映できていないのは、組織としての宗教が抱えている問題であろう。宗教が朝鮮半島における平和プロセスに積極的な役割を果たすようにしなければならない。

この問題については、他の講演でも指摘したことがあるが、この場を借りてもう一度強調したい。

その一つは、開城工業団地と金剛山観光事業を再開することである。以前の民主政府は刻苦の努力の末、朝鮮半島の戦争ラインを北上させただけに、このような事業を再び回復しなければならない。これは、南北朝鮮が主体的に獲得した成果なのである。

第二に、米国と北朝鮮との間で平和条約を締結しなければならない。米国が朝鮮半島において覇権ではなく平和を求めているならば、自ら平和の主役にならなければならない。北朝鮮がアメリカの友邦になれれば、中国に対しては、これ以上に強い武器はないであろう。さらに朝鮮半島に平和を構築しようとすれば、これを契機に、世界の強大国たちは、朝鮮半島をめぐる相互摩擦を解決する方策を積極的に模索するであろう。これも、同盟国として韓国が積極的に担うべき役割の一つである。もちろんその裏側には、発表者が言及した通り、非核化問題と北朝鮮の経済力向上の問題とが相互に密接に繫がっている。この問題の解決にも、韓国が主導的な役割を果たす必要がある。

第三は、軍備縮小である。限られた税金が戦争費用（戦争の抑止を含む）として浪費されるのは、北朝鮮にとっても、韓国にとっても、米国と中国にとっても不必要なことである。これについては「三尺の童子」でも弁《わきま》えていることなので、全世界の市民は力を合わせてこの問題の解決を訴えなければならない。私自身もＴＨＡＡＤ《サード》（終末高高度防衛ミサイル）撤回運動に参加しているが、その理由は、朝鮮半島における平和構築こそ最終的な目標であり、この最終的な目標の達成に役立たない不合理な要素は除去されねばならないと思っているからである。宗教界が世界に向けて行なわなければならないのは、まさに軍備縮小の提唱なのである。その問題の重要性をどのように説得していくかを、宗教者たちは工夫していかねばならない。

最後は、朝鮮半島の中立化である。これは、取りも直さず永世中立国を実現することである。これを実現するためには、極めて複雑なプロセスを経ることになるであろう。しかし、朝鮮半島がスイスのような中立国になってはいけないという理由は存在しない。具体的な例を挙げて言うならば、朝鮮半島に世界のすべての国際機構が設置され、また世界の経済組織が朝鮮半島で活動を行なうようになれば、これより効果的な安全保障措置はないであろう。このような事業も、韓国が主体的に力を発揮して実現していかなければならない。さらに朝鮮半島に世界のすべての宗教関係団体が常駐するようになれれば、宗教が世界の紛争解消に積極的に貢献できる道が開かれるであろう。

大雑把ではあるが、このような議論も、今日の発表者の発表内容から遠く離れてはいないと思われる。むしろ、逆に、この機会を借りて、朝鮮半島問題の専門家である発表者に、一人の宗教者として披瀝したこの素朴な政治的見解をどう思っておられるのかをお聞きしたい。

（翻訳・金 永完）

停戦体制の束縛を抜け出し、平和体制へ進むための宗教者の役割

黄《ファン》　棟煥《ドンファン》

朝鮮戦争は、極めて多数の死傷者、莫大な財産上の被害並びに国土の破壊など、韓民族には洗い流すことのできない痛みを残したまま、一九五三年七月二七日に締結された停戦協定によって終焉を告げました。この停戦協定の法的性格は未完の終戦です。この協定に参加した当事国が合意していた平和協定の締結は、六四年ものあいだ実現されずにあり、これによって、朝鮮半島の主人である我が民族構成員は、実に耐え難い軛《くびき》に掛けられています。長期間にわたって続いている停戦体制によって、韓国と北朝鮮の民族構成員は日常的な戦争の恐怖に苦しめられており、このような恐怖は、常に政治・経済・外交・安全保

障・文化などの諸領域にも影響を及ぼし、その結果、韓国と北朝鮮が正常な国家共同体の構築に向けて進んでいくのに大きな障害要因となっています。

過去において東アジアで起きた清日戦争から露日戦争、朝鮮戦争に至るまで、朝鮮半島を中心に発生した強大国間の衝突のために、韓民族はどのような状況に置かれていたのかを思い起こさなければなりません。戦場は韓民族の領土であったのにもかかわらず、戦争の主役は常に周辺の強大国であって、韓民族は排除されました。朝鮮半島の周辺列強によって行なわれた戦争の最大の被害者は韓民族でありました。さらに六四年も続いている停戦体制の下で、戦争の危機は常に存在しており、韓民族は未だに被害者としての状況から離れられないままにいるのであります。

韓国と北朝鮮の指導者たちは、これ以上、停戦体制の下で苦しめられている民族構成員たちを放置する罪を犯してはなりません。正常から外れた形で浪費されている国力は、民族構成員たちの福祉並びに人間の尊厳と品位のある生活のために使われるべきであります。これを実現するためには、あらゆるすべての人的・物的資源を活用し、知恵と力を集めなければなりません。従って韓国と北朝鮮の当局者は、一日も早く、停戦体制を平和体制に変えるために惜しまず努力するべきであります。

また平和の定着のために宗教者ができる役割があれば、民族構成員の一員として、進んでその任務を果たすべきでありましょう。

文在寅《ムンジェイン》大統領の要請によるものではありますが、フランシスコ教皇が南北朝鮮の間で仲裁の役割を行なえるならば、根深い対立局面によって膠着状態に置かれている停戦体制は解消され、朝鮮半島における平和定着に向けての新しい展望が開かれるでありましょう。これは、朝鮮半島の問題を解決するにあたって、宗教者のできるうってつけの仕事であると思われます。この他にできることは何があるのかについても関心を持って積極的に模索し、進んでその役割を果たさなければなりません。

カトリック教会は、「平和は単なる戦争の不在状態ではなく、敵対勢力の間に取られるバランス状態に陥ってはならない」(第二次ヴァティカン公議会文献、司牧憲章七八項)と宣言しています。

平和に対するカトリック教会の立場は明らかです。力によって平和を維持しようとするのは、まるで砂上に楼閣を築くように空《むな》しいことであり、真正な平和は、和解と協力に基づいて行なわれるとき、はじめて実現され得るでありましょう。

（翻訳・金 永完）

青年セッション

青年の視点――東北アジア平和共同体構築のための課題――

大西英玄《おおにしえいげん》

自己紹介

世界宗教者平和会議（ＷＣＲＰ）日本委員会青年部会幹事を勤めています大西英玄と申します。日本の古都京都の清水寺という仏教寺院にて、大衆庶民信仰の入口を提供する役目を勤めております。このような貴重な縁を頂きました事、神仏はじめ諸大徳、諸先生の皆様のお導き、また関係各位のご尽力に心より御礼申し上げます。今回のセミナーの会場は釜山ですので、これより三国の名前を用いる場合は韓国、中国、日本の順にて発言致します。

宗教者とは

昨今多様な価値観が混在し、また時の流れが早い中、社会に求められる宗教者の役目も多岐に亘ります。そもそも宗教者の定義とは何でしょうか。私が所属する日本仏教においても、仏事、布教に専念する者、教義をより深く学ぶ、学術として研究する者、教育、福祉、芸術等の社会貢献、人権や平和活動に尽力する者、律や戒、端的に表現しますと、厳しいルールに生きる者、異業種、異文化との交流を図る者、また組織、教団の維持、発展の為に経営的要素を担う者、広報や事務的役目を果たす者、また時代の流れに則して、革新の連続に努める者など様々です。そのどれもが宗教者の定義の一つとして数えられると思いますが、私は根本として重要な定義が一つあると考えます。それは頂いた教えを自らの実生活に具体的に体現している事です。たとえその教えについて雄弁に語る事が出来ないとしても、自らの積極的な行動をもって教えを実践する、それが宗教者としての重要な要素であると認識しています。

偉大なる先師、先人たち

我々三国には模範となるべき宗教者として多くの尊敬すべき先師、先人たちがおられました。韓国社会福祉の父と讃えられた金龍成《キムヨンソン》先生は幼い頃、日本軍の蛮行により、両親を亡くし天涯孤独の人生を歩むことになりました。しかしやがて朝鮮人、日本人の区別なく、戦争孤児を救済され、また朝鮮人に嫁いだものの夫を亡くすなどして、困窮にあえいでいた日本人女性の保護、援助にお力を尽くされました。

元中国仏教会会長趙樸初《ちょうぼくしょ》先生は、三国の歴史的、文化的深い関係を「黄金の絆」と表現され、その絆をより強固なものとし、アジアの繁栄、世界の平和に貢献すべきというご誓願のもと、一九九五年北京にて韓・中・日仏教友好交流会議開催へとお導きになりました。この「黄金の絆」は現在でもなお、三国の多数の仏教指導者によって継承されています。

立正佼成会開祖庭野日敬様は、「真の平和は宗教心の涵養による以外にはない」との信念から、「国民皆信仰」、「明るい社会づくり運動」を提唱すると共に、世界の平和境建設をめざして宗教者同士が手を携える必要性を訴え、国内外で積極的に宗教協力活動を展開。WCRP（世界宗教者平和会議）やACRP（アジア宗教者平和会議）の創設・運営に力を尽くされました。

青年宗教者の役目　その一

これら三人の先生以外にも、多くの偉大なる先師、先人の遺徳、法光が継承され、今日に至ります。それらを預かるべき我々の果たすべき役目とは何なのか、私見ではありますが、本日二つ紹介させて頂きます。一つはそれぞれ所属する教団、組織等の中での優先事項を見直すべきだと考えます。言い換えるならば、国内外諸宗教対話、協力活動を各教団、組織において少なくとも最優先の取組事項の一つとして、より積極的に取り組むべき課題とする事です。

先にも説明しましたが、宗教者の役目も多岐に亘ります。そのため一概には言えませんが、多くの教団、組織が、当然大切な事ではあるものの、歴史的に継承された形を踏襲する事や、自身の教団、組織の維持ばかりに注力し、意識的か無意識的か内向きになってしまう傾向があります。たとえ諸宗教対話などの機会が目の前にあっても、それが組織の中で優先取組事項の上位に挙がってこない、また次の機会がある事を当たり前として、一つ一つの機会にかける思いが十分に整わない事などがあります。

特に我々青年宗教者はそれぞれ所属する組織にて、求められる役目と自身の理想に距離がある事が多々あるかもしれません。しかしながらそのような状況下であっても出来る事はあると思います。これまで多くの先師、先人たちが深甚なるご尽力のもと築かれた礎、縁、本IPCRセミナーはもとより、APIYN（Asia and Pacific Interfaith Youth Network）ユースキャンプ、そして二〇二〇年に開催される予定の第九回ACRP大会、また韓中日、二国間、三国間での各宗教交流プログラム等々、それらは決して当たり前でも、次回が約束された単なる年中行事でもありません。先師、先達よりお預かりしたその志を拝受し、覚悟をもって積極的に参画、そして未来にまた継承する、そんな人材が一層求められるのではないでしょうか。今後様々な場面において、初対面における「はじめまして」の喜びだけではなく、「また会えましたね」という再会の感動が増えていけたらと思い描いています。

青年宗教者の役目　その二

もう一つは宗教資産（社会的認知度、多様性、宗教ネットワーク）を活用し、社会模範を示すべく共に諸問題に対して積極的に行動する事です。宗教の名が付く事で、社会に懐疑的な要素を抱かせず信頼と安心を与える事や、一層の発信力を持つ事が叶う、そんな宗教の持つ社会的認知度は、我々が更なる行動に努めるべきという責任の裏返しでもあると思います。本来でしたら十年かかるところが宗教という土壌から始まる事で、ひょっとしたら一年でも早く達成できるかもしれない、一人でも多くの方に早く伝わるかもしれない、だからこそ我々にはこの土壌を活用する義務があると感じています。

あくまでも一例ですが、本年五月末に日本国内の諸宗教を代表する先生方が清水寺へご参集になり、国内外からの一般参拝者へ「国際ヒバクシャ署名」活動を共に行いました。

また昨今発生した様々な天災において、諸宗教連携にて物心両面での支援活動を現在進行形にて展開しています。

先日にはアメリカ、韓国、日本の青年が日本の禅仏教体験、また広島にて平和学習を共にしました。異文化研修、国際交流、自己探求、宗教体験等、今回のプログラムへの参加動機はそれぞれであり、それが故に感じ方もそれぞれであったと思います。そもそも一つの明確な答えを見出す作業ではなく、多様性を享受した上で共存方法を模索する事が大切であり、その受け皿として果たすべき宗教の責任と可能性は大変大きいと改めて感じました。なぜなら多くの宗教は多様性を持った上での共存を理想とし、その実践をもって社会に範を示す事を責務としているからです。小さいながらも宗教の光を感じたプログラムでありました。

更には地球環境保全と修復のため、各国の宗教者が率先して植林事業に努める事が約束され、その輪が広がっており、来年には韓日の青年交流プログラム内にて共に活動する事が模索されています。今後はこれまで培われてきた国際宗教ネットワークを活用する事で、国内においてその国の宗教者だけが活動するのではなく、共通の命題として多国間が共働する、そんな機会を構築する事が求められると考えます。

またあらゆる行動の原点には、宗教者として祈りがある事を補足として付け加えさせてください。

結び

各教団、組織において国内外諸宗教対話、協力活動を最優先取組事項の一つとする、そして宗教資産を活用し、一層の行動、特に今後は多国間における共同活動を展開する、以上二点を私見ではありますが、紹介させて頂きました。

先日、世界最大の人権擁護団体の一つとして活動するヒューマンライツ・ウォッチ世界大会が日本（東京、京都）で開催されました。このNGO団体は一九七八年の設立以来三〇年以上にわたって、世界の人びとの権利と尊厳を守り、加害者の責任を追及する世界的な世論を作り出す活動をされています。その内容は客観的かつ徹底した現地調査を基にした戦略的なターゲット・アドボカシー（ロビイング／政策提言）を行い、質の高い調査とアドボカシーを組み合わせて、人権侵害の解決に向けた行動を求める世論と圧力を作り出します。そして人権侵害の加害者が負うコストを高めるといったもので、これまで数々の実績を残してこられました。彼らが理想とするのは「ヒューマンライツ・ウォッチが必要のない社会」だそうです。つまり誰しもが人権を侵害される事が無く暮らす社会です。

教団、組織、そして宗教そのものの存続のために社会があるのではなく、社会の救いのためにそれらがある。偉大なる多くの先師、先人たちがまさにそうあったとおり、彼らの遺徳、法光を預かり、未来に継承する責任として、多くの青年宗教者たちと改めて原点回帰の志を共にし、努めて参りたいという願いを共有致しまして、私の話を結びとさせて頂きます。

参考文献

「平和のための宗教：対話と協力」公益財団法人世界宗教者平和会議日本委員会、創刊号（二〇〇七年）―第一〇号（二〇一八年）

「アジアの多様性における一致と調和（第八回アジア宗教者平和会議報告書）」公益財団法人世界宗教者平和会議日本委員会、二〇一五年
「第一八回日中韓仏教友好交流会議——日本大会——」日中韓国際仏教交流協議会、二〇一五年
「立正佼成会ホームページ　開祖　庭野日敬」http://www.kosei-kai.or.jp/010gaiyo/0101/
「ヒューマンライツ・ウォッチホームページ」https://www.hrw.org/ja/about

「青年の視点——東北アジア平和共同体構築のための課題——」に対するコメント

韓《ハン》　在《ゼ》燻《フン》

こんにちは。私は、韓国宗教人平和会議（ＫＣＲＰ）青年委員会の委員長を務めております韓在燻と申します。韓国宗教界の青年を代表して、日本、中国をはじめ、東北アジア宗教界の青年の皆様を心より歓迎致します。またこの意義深い場においてコメントをさせて頂くことができ、とても光栄に思っております。

世界宗教者平和会議（ＷＣＲＰ）日本委員会の青年部会幹事を務めていらっしゃる大西英玄先生の「東北アジア平和共同体構築のための課題」についてのご発表を、とても感銘深く聞かせて頂きました。ご発表の内容については、全面的な賛成の意を表したいと思います。会場の皆様も、恐らく私と同じように考えていらっしゃるのではないでしょうか。特に、大西先生のご発表では、第一に、宗教間対話と協力はすべての宗教団体と宗教者が行なうべきことの中でも、最優先すべきでものであるということと、第二に、すべての宗教は、各自の宗教資産を活用して、共に行なう国際活動を積極的に展開すべきであるということを提案して下さいました。この二つの事項こそ、本日私たちがここに集まっている理由であり、国際化が進む今日において、すべての宗教者に与えられた時代的な使命であると考えております。従ってこの提案に大きく共感するとともに、この事業に対し、韓国宗教界の青年たちも積極的に協力し、参加していくことを約束致します。

このような素晴らしい提案に対して、どんな異見がありえ、どんな話をつけ加えることができるでしょうか。しかし、ただ大賛成であるとばかりコメントを行なうと、コメンテーターとしての役割を果たしていないと批判される恐れがありますので、自分の些細な意見を申し上げたいと思います。これによって、大西先生のご発表の素晴らしさが一層素晴らしく見えるようになったら、コメンテーターとしての私の任務は果たされると思います。

大西先生は、「宗教者とは、自分が学んだものを実生活に具体的に体現する人生を送る人」であるという極めて重要な定義を行なって下さいました。宗教者が非宗教者と区別される最も明らかな点は、まさにここにあると思います。私たち宗教者は、それぞれ違う宗教の中で教わった「教え」を持っています。その「教え」の諸内容は、それぞれの宗教の持つ外形的な相違と同様、それぞれ異なる形や方式で記述、伝承されます。しかし、このように形や方法は違っていても、本質的には共通に志向するものを私たちに教えていると思います。それは、「私」よりは「公」を志向し、「不義」よりは「正義」の側に立ち、裕福な者よりも苦しみの中にいる人々に関心を寄せることなどです。私たち宗教者は、このような教えの本質を不断なく自覚し、これを実生活の中で具体的に実践していかなければなりません。

特に青年宗教者たちは、このような人生を送るにあたって、一層純粋で明確な態度をもって人生に臨む必要があります。もちろん、世の中に生きていくにあたって考慮に入れなければならないことも、欲得ずくでなければならないことも多いでしょう。しかしこのような考慮や欲得は、「もっと年を取ってからする」と後回しにしましょう。今は、人類の普遍的な価値に合致し、共同の利益に資するものであれば、たとえ無謀に見えても、公共の正義のためと声高に叫びながら、身を投じて行動に移してみましょう。これが、たとえ自分が属している宗教団体の恥部をさらけ出してしまうことであっても、自分が属している社会の誤謬を告白することであっても、またそのことで既得権益層や上の世代が前面に出てこられないほど恥ずかしいことがあっても、私たち青年宗教者は、宗教の本質的な教えの前で素直になって堂々と行動しましょう。このような姿勢を構えて、私たちが一緒にやっていくべきことについて、一緒に悩み、計画し、実践しましょう。

大西先生の素晴らしいご発表に対して、改めて感謝の意を表す次第でございます。青年宗教者たちとともにより良い世界をつくるために努めていくことを約束しながら、コメントを終わらせたいと思います。有難うございます。

（翻訳・金 永完）

【監修者紹介】

山本俊正（やまもと・としまさ）

1952年（昭和27年）、東京都に生まれる。立教大学法学部卒業。関西学院大学商学部教授および宗教主事、日本基督教団ロゴス教会主任牧師等を務める。東京YMCA主事を経て米国カリフォルニア州バークレー太平洋神学校に留学、ハワイ州ハリス合同メソジスト教会の副牧師、日本キリスト教協議会（NCC）総幹事を歴任。

著書に『アジア・エキュメニカル運動史』（新教出版社）等、訳書にローレンス・L・ラクーア『神との冒険――ラクーア自伝――』（キリスト新聞社）等があるほか、論文が多数ある。

【監訳者紹介】

金　永完（キム・ヨンワン）

1967年、韓国に生まれる。法学博士（中央大学）。韓国監理教（メソジスト）神学大学神学部及び高麗大学法学部を卒業、日本国際大学（IUJ）大学院に留学。同大学大学院国際関係学研究科を修了後、中央大学大学院法学研究科博士後期課程に進み、比較法学及び比較宗教文化論を専攻。その後、中国政法大学及び中国人民大学法学院に留学。日本中央学術研究所特別研究員、中央大学法学部兼任講師、中国人民大学法学院専任講師を経て、中国山東大学法学院副教授及び国立高雄大学法学院（台湾）兼任教授を務める。韓国流通法学会国際理事、韓国金融法学会国際理事及び『金融法研究』編集委員。

著書に『中国における「一国二制度」とその法的展開――香港・マカオ・台湾問題と中国の統合――』（国際書院）その他、訳書・論文多数。IPCR国際セミナーにおいて発表された韓国語・中国語論文の日本語監訳に従事（2010年～現在）。

【組織紹介】

韓国宗教平和国際事業団
（International Peace Corps of Religions：IPCR）

韓国宗教平和国際事業団（IPCR）は、世界宗教者平和会議（WCRP）の韓国委員会である韓国宗教人平和会議（KCRP）内にある、平和活動を行なうための法人。

世界宗教者平和会議日本委員会
（World Conference of Religions for Peace Japan：WCRP Japan）

世界宗教者平和会議（WCRP、また Religions for Peace とも略称する）とは、1970 年に設立された宗教者による国際組織。国連経済社会理事会に属し、総合協議資格を有する非政府組織（NGO）である。その理念は、世界の宗教者が手を取り合い、世界の人々が民族・伝統・考え方・意見等々あらゆるものの違いを認め合い、尊重しながら、平和に生きていける社会を実現しようとするというものである。現在 WCRP は、国際委員会をニューヨークに、さらに約 90 カ国に国内委員会があり、宗教や宗派を超えて平和実現のために協力する世界的なネットワークが構築されている。

日本における WCRP の国内委員会が「WCRP 日本委員会」である。同日本委員会は、1972 年に財団法人日本宗教連盟の国際問題委員会を母体として発足した。その具体的な活動は、国内のみならずアジア地域において、紛争地の難民支援・人権活動の支援・紛争和解の支援・紛争後の教育や開発の支援・自然災害時の緊急支援等々を行なっている。また、国連やユニセフなどの国際機関との協力体制づくりを進めるとともに、WCRP 国際委員会と連携しつつ独自の平和活動を展開して今日に至る。

【執筆者紹介】（掲載順）

金　星坤（韓国）
KIM Sung-Gon（キム・ソンゴン）
アジア宗教者平和会議（ACRP）名誉会長、圓光大学碩座教授。

阿地里江　阿吉克力木（中国）
HAJKERIM, Adilijiang（アディリジャン・アジゲリム）
中国宗教者和平委員会（CCRP）副事務総長、中国イスラーム協会副会長。

金子　昭（日本）
KANEKO Akira
世界宗教者平和会議（WCRP）日本委員会平和研究所所員、天理大学おやさと研究所教授。

孟　康鉉（韓国）
MAENG Kang-Hyun（メン・ガンヒョン）
成均館大学教務部長。

金　龍煥（韓国）
KIM Yong-Hwan（キム・ヨンファン）
忠北大学倫理教育学科教授。

山本俊正（日本）
YAMAMOTO Toshimasa
世界宗教者平和会議（WCRP）日本委員会理事、関西学院大学教授。

松井ケティ（日本）
MATSUI Kathy
世界宗教者平和会議（WCRP）日本委員会平和研究所所員、清泉女子大学教授。

正覚（韓国）
Jung-Gak（ジョンガク）
中央僧伽大学仏教学部教授。

林　炯眞（韓国）
RIM Hyung-Jin（イム・ヒョンジン）
慶熙大学教授。

金　学載（韓国）
KIM Hak-Jae（キム・ハクゼ）
ソウル大学統一平和研究所教授。

金　泰賢（韓国）
KIM Tae-Hyun（キム・テヒョン）
韓国キリスト教教会協議会（NCCK）局長。

元　益善（韓国）
WON Ik-Seon（ウォン・イクソン）
圓光大学宗教問題研究所教授。

黃　棟煥（韓国）
HWANG Dong-Hwan（ファン・ドンファン）
韓国カトリック・ベネディクト修道会。

大西英玄（日本）
ONISHI Eigen
世界宗教者平和会議（WCRP）日本委員会青年部会幹事、清水寺執事補。

韓　在壎（韓国）
HAN Jae-Hoon（ハン・ゼフン）
韓国宗教人平和会議（KCRP）青年委員会委員長。

東北アジア平和共同体構築のための宗教間対話
――「IPCR国際セミナー2017」からの提言

2018年11月30日　初版第1刷発行

著　　者　韓国社会法人宗教平和国際事業団
　　　　　公益財団法人世界宗教者平和会議日本委員会
監 修 者　山本俊正
監 訳 者　金　永完
編集責任　中央学術研究所
発 行 者　水野博文
発 行 所　株式会社佼成出版社
　　　　　〒166-8535　東京都杉並区和田2-7-1
　　　　　電話（03）5385-2317（編集）
　　　　　　　（03）5385-2323（営業）
　　　　　https://www.kosei-shuppan.co.jp/
印 刷 所　錦明印刷株式会社
製 本 所　錦明印刷株式会社

ISBN978-4-333-02794-1　C0214

「アーユスの森新書」の刊行にあたって

アーユスとはサンスクリット語で「いのち」「生命」などを意味する言葉です。「アーユスの森」という言葉には、大自然の森に生かされて生きている人間の原風景があります。いのち溢れる土壌のもとに、森の多種多様な生き物の「いのちの呼応」が、豊かないのちの森の絨毯を織りなしています。

「アーユスの森新書」では、あらゆるものの中に潜むいのちを見つめ、私たち「生きとし生けるもの」がどのように自分のいのちを燃やしていけばよいのか、を問いかけていきます。そのために身近な出来事を含め生老病死の問題とどう向き合って生きていくか、という個人の生き方から、現代世界、現代社会が直面しているグローバルな諸問題まで、仏教学者や宗教学者など専門家だけではなく「いのちの森に共に生きる」さまざまな立場から取り上げます。

読者も専門家も「いのち」の大切さや不思議さを共に感じ、考え、生きていることを味わえる場にしていきたい。そして、青少年・学生・一般読者の皆様と共に生きる「アーユスの森新書」でありたいと願っています。

中央学術研究所は、これからも各専門分野の研究に取り組むだけではなく、その成果を少しでも多くの方と分かち合うことにより、よりよき社会・世界の平和へと微力ながら尽くして参ります。

中央学術研究所

（二〇一〇年五月改訂）

#「アーユスの森新書」好評既刊

001
宗教と終末医療
林 茂一郎・井上ウィマラ・藤腹明子・田中雅博
新書判
180頁

002
人は人を裁けるか
眞田芳憲
新書判
304頁

003
東アジア平和共同体の構築と国際社会の役割
―「IPCR国際セミナー」からの提言―
世界宗教者平和会議日本委員会 編/眞田芳憲 監修
新書判
344頁

004
退歩を学べ
―ロボット博士の仏教的省察―
森 政弘
新書判
256頁

005
平和への課題と宗教者の役割
飯坂良明・山岡喜久男・眞田芳憲・勝山恭男
新書判
464頁

006
東アジア平和共同体の構築と宗教の役割
——「IPCR国際セミナー2011」からの提言——
世界宗教者平和会議日本委員会 編／山本俊正 監修
新書判
208頁

007
「無縁社会」に高齢期を生きる
森岡清美
新書判
204頁

008
人口学から見た少子高齢社会
嵯峨座晴夫
新書判
208頁

009
東北アジア平和共同体構築のための倫理的課題と実践方法
——「IPCR国際セミナー2012」からの提言——
世界宗教者平和会議日本委員会 編／山本俊正 監修
新書判
228頁

010
東北アジア平和共同体構築のための課題と実践
——「IPCR国際セミナー2013」からの提言——
世界宗教者平和会議日本委員会 編／山本俊正 監修／金 永完 監訳
新書判
196頁

011
東北アジア平和共同体の構築と課題
——「IPCR国際セミナー2015・2016」からの提言——
世界宗教者平和会議日本委員会 編／山本俊正 監修／金 永完 監訳
新書判
344頁